天恵《グレース》の花びら

聖なる母からのメッセージ

サイ・マー・ラクシュミ・デヴィ 著
鈴木真佐子 訳

太陽出版

サイ・マー・ラクシュミ・デヴィ

天恵《グレース》の花びら

PETALS OF GRACE
by Sai Maa Lakshmi Devi

Japanese translation published by arrangement with
Humanity In Unity International Publications
through The English Agency (Japan) Ltd.

はじめに

マリアン・ウィリアムソン

初めてサイ・マー・ラクシュミ・デヴィに会ったのは真昼で、彼女は私のうちのドライブウェイに立っていた。彼女は大きな白い帽子をかぶった小柄な女性で、花束を手に、まるで私の人生を品定めしているかのように私を見つめていた。

家の中に入ると私たちは互いに挨拶を交わし、彼女は私の個人的な話を聞くと申し出てくれた。私たちは別の部屋へ行き、私はソファーに横になった。彼女は私について他人が知る由もないことを話しはじめた。それはまるで私の魂のレントゲン写真を見ているようで、私の中で何が破れて痛んでいるのか理解していて、どうすればいいか分かっているようだった。

その時、私の人生はとても暗くつらい時期に入っていてひどく落ち込んでいた。サイ・マー*に会う一週間前、私は真夜中にベッドで「神よ、私を助けてください」と救いを求めたのを覚えている。そして神は助けてくれたのだと私は信じている。それは太陽の下でドライブウェイに花を持って立っていた小柄な女性のおかげでもあった。

私はサイ・マーが私に何を言ってくれたのかよく覚えていない。しかし私がソファーに座り直したとき、私は深遠な、いや、神聖とも言える洞察力を持った女性の前にいることを確信した。ある聖なる領域から光を降ろして、私の意識と心の暗闇を光で満たすその能力を体験したのだった。

私の生命力がぼろぼろになり、医者たちに発病を告げられていて、絶望感が私の存在すべてに重くのしかかっていた。その時、サイ・マーは私を崖っ縁から呼び戻してくれた。どのように説明したらいいのか分からないが、彼女が私の命を助けてくれたのだと思う。彼女の持つ力をどのような過程を経て得られるのかは知らないが、サイ・マーは神にとても近い人にしか分からないような私の魂の旅について知っている。

それ以上に、私の心のこの痛みやあの痛みなどから救ってくれると約束してくれたときは、それを必ず実現してくれた。彼女が霊薬を私の静脈に入れてくれるのを感じたこともあり、私がこの女性に会ったことは人生最大の祝福だと思う。私の望みはこの本を通して読者の方々にサイ・マーの霊薬の一服を受け取っていただくことだ。私はこの霊薬が自分のためにどう働いてくれたかを知っている。そして、私はあなたも同じように恩恵を受けられることを願っている。

私たちが皆、癒されますように。

子どものハートから

（著者がインディアナ州の女子刑務所を訪問し、服役中の母親とその子どもたちのためにサマー・デー・キャンプを催した際、参加していた子どもから著者に渡された手紙）。

サイ・マーが言った言葉は、私を温かく包み込んでくれました。「アイ・ラブ・ユー」と言ってくれたときもです。変な感じはなく、それがピッタリでした。まるで彼女が私を知っているみたいでした。彼女が私に話しかけたとき、キリストが話しかけているみたいでした。彼女が私の目を見つめると、私は赤ちゃんになって抱かれているようでした。彼女が私の目を見つめると、私のことを読んでいるようでした。

彼女は私を抱きしめるとこう言いました。「あなたは偉大なことを成し遂げるわ」。彼女が私の腕に触れると「心配ないわ。あなたは大丈夫」という波動をくれました。

彼女が話している間、私のハートは彼女の言葉を書き留めているみたいでした。彼女の言葉が私の体に書かれていくのが感じられたんです。それはとても平和な感じで、私のことを生まれたときからずっと知っているみたいでした。本当は会ったばかりなのに。

今でも、彼女が私に触れているのを感じます。彼女の香りはとても新鮮で神様の息みたいでした。

献辞

シュリ*・サティヤ・サイ・ババへ

私のババ*

私がそうであるすべての中で、あなたの足元にいます。

私がそうであるすべての中で、

あなたの黄金に輝く光の中心……あなたのハートの中で、

私がそうであるすべての中で、

あなたが、あなたの聖なる愛の天恵《グレース》*により、

私たちを一人ずつ、栄光とともに開花させていくのを見つめています。

永遠にあなたの　サイ・マー・ラクシュミ・デヴィ

目次

コロラド州、クレストンの庭にて。

第1章　愛の化身となりなさい

自我が愛によって変容されるように。
愛の調べがあなたのハートを溶かしてくれるように。
神聖なるものによって、
あなたのハートが愛で満たされるように。

愛は最も高次の真理です

愛する者たちよ、あなたが光を求めさえすれば、それが得られるものだということを知ってください。あなた方の何人が焦点を定め、自分の中に中心を見つけ、光に思いをめぐらすのでしょうか。ほとんどの時間、あなたの注意は光以外のものに向けられています。しかし、一番に優先されるべきことは、あなたが高次元の自己[*]（ハイアー・セルフ）を体験することです。

光とかパラマートマ[*]（至高なる自己・絶対存在）とは、献身、無私の愛、創造主への愛を意味します。ひとときも忘れてはなりません。愛は究極の真理です。愛は真理であり、すべては愛から生まれます。愛を通して自由が体験されます。もちろん、私は子どもへの愛や、伴侶や恋人への愛だけを話しているのではありません。愛以上の美徳はありません。宇宙は愛から生まれ、愛によって支えられ、愛の中で融合します。この純粋で聖なる、無私の愛に現実的な方法で仕えることができれば、あなたは愛によって生かされ、支えられている自分に気がつくでしょう。あなたはその愛の中に生き、食し、眠り、仕事をすることになります。あなたは、この献身的な愛によって支えられていることを感じれば感じるほど、それをより強く求めるでしょう。そして最終的にあなたは、この聖なる愛と融合するのです。

この愛の力は、現世の生活を覆っている幻想のベールを取り除き、物質世界を超えた生も死も存在しない最高の至福の世界にあなたを連れて行ってくれます。この愛は世界全体、そして宇宙全体に浸透しています。あなた方の何人がこの力に気づいているでしょうか。信仰も愛もない人生体験は分離に満ちていて、したがって苦悩に満ちています。

この献身、無私の愛、聖なる愛にはすべてが可能です。献身的な心を持つと、あなたは絶えず聖なる天恵《グレース》*を受け取ることになります。それは献身に伴う聖なる天恵です。あなたは純粋な愛のもう一つの側面である至福に包まれ、宇宙的な愛を体験します。私が愛は神であり、神は愛であると言うとき、それは愛が神の一つの**かたち**であるという意味です。どのようなかたちであろうと本質は神です。あなたはこの聖なる愛についてどれほど気づいているでしょうか。この愛をどのように使うのでしょうか。愛の力があなたのためにここにあることを知ってください。信仰をもって生きることを選択したら、愛はここに存在するようになり、あなたは平和な心を体験します。平和を体験すると、あなたは真理を感じるでしょう。

ですから献身するのです。より多くの愛を与えなさい。**より多く**です。すべての原子に愛を注ぎ込み、愛そのものの化身となりなさい。マイナスの、あるいは暗い感情と呼ばれる疑い、怒り、妬み、羨み、強欲などを変えてください。あなたの純粋な光り輝く、素晴らしい愛をもってこれらの感情を受け入れ、変容させるのです。この愛はあなたの中にあります。内面に入りなさい。なぜなら、外の世界はそれをあなたに与えることはありえないからです。そうするとあなたは「本当」の人間になることができます。創造主と遊んでください。内面の世界は遊び場であり、創造主は愛をもってあなたを待っています。

あなたのすべての行動の底流に愛があるか自分に尋ねてみてください。自分の心の中に満足感がないのなら、自分に問う必要があります。あなたが祈りや瞑想*をしたときに愛の気持ちがなかったり、あなたのジャパ*（マントラ*の復唱）の実[1]践が無味乾燥であるならば、それはあなたに役立っていないのでやめた方がいいでしょう。でもこの愛を求めてください。するとあなたに与えられた人生の経験の美しさ、純粋さや楽しさを体験することができるでしょう。

あなたが愛を放射していると、部屋に入っただけでその部屋にいるすべての人のハートが溶けていきます。

あなたは何もする必要がありません。ハートが溶けて開いていくと、シャクティ[*2]（スピリチュアルなエネルギー）と天恵がそれぞれ働きはじめるので、あなたはいかなる瞬間にも努力を必要としないでしょう。

ですから、すべてをその貴重でユニークな神々しい愛と融合させてください。この愛はいつでもあなたを向上させ、喜びに導いてくれます。「今」を完全に生きる幼い子どもの喜び、喜ぶ心です。その愛の中で生きる選択をしたなら、深い変容が生じます。

あなた方の何人がこのユニークな愛を自分の中で育てる準備ができていますか？　あなたは、「サイ・マー[*]、私は準備ができています」と言うかもしれません。でも私には多くの迷いが見えます。自分に誠実でいてください。準備ができているのでしょうか。それとも、まだ少し恐怖心があるのでしょうか。あなたが「はい。私は準備ができています」と言うときには恐怖も懸念もなく、無限、献身、純粋さ、誠実さと一つになる準備ができていなくてはなりません。

どうかあなたの中にあるすべてを受け入れてください。準備があれば、あなたにすべてが与えられます。あなた方の何人かは私に尋ねます。「いつか私にも神が見えるようになるのでしょうか？」と。神のビジョンが得られ、神が見えるようになるにはたくさんの愛が必要です。神はあなたの目の前にいますが、あなたの目はベールにおおわれているために見えないのです。聖なる天恵はあなたの献身の度合いにより、あなたに神のビジョンをもたらしてくれるでしょう。

愛する者たちよ、あなたたちは純粋で献身的な愛の香りでマインド〈訳注＝〈意識・思考・意志・感情の座としての〉心。精神〉を満たしてください。するとあなたのマインドはこの純粋な愛を**放射**できます。そしてあなたは、この愛に**生きる**ためにどんな努力をしていますか？　あなたは自我（または意識）[*]が愛によって変容されるように自分をゆだねてください。愛の調べがあなたのハートを溶かすことを許してあげてください。神聖な存在があなたのハートを愛で満たすのを許してください。

信仰深い人が私に尋ねました。「サイ・マーは何を望んでいらっしゃるのでしょう」。サイ・マーが望んでいるのは、あなたが愛に生きる決心をして自分の持つすべての性質を愛をもって受け入れ、すべてを愛することです。

愛はすべての執着を変容させる

あなた方は皆、愛されたいと思いますが愛を実践する必要があります。この愛は神聖です。生命の原理[*]という奇跡は聖なるものから生じ、それは聖なるものと融合します。誰でも同じ自己の原理を持っていることを思い出せば、あなたは謙虚になります。

その謙虚な、純粋なマインドに生きて執着から離れましょう。愛はすべての執着を変容させます。愛の原理がすべての不純物を変えていくことをあなたは許し、人類が「聖なる人類」であることに目覚めなさい。そして聖なる融合を体験し、神と一つになるのです。愛の光が消えることはありません。

第2章 すべてに潜在する天恵

この神、この根源*、ワンネス、天地創造の世界は、
あなたの中に存在していて
一瞬のうちに体験することができます。

自分の聖なる光に気づく

万事に潜在的に存在する天恵《グレース》の力、そして天恵は、例外なくあらゆるものの中にあります。この天恵が呼び起こされ、活性化され、滋養が与えられるとそれは優美に流れ続け、あなたは人生の素晴らしさを体験することでしょう。この天恵があなたを真理へと導きます。

あなたが真理を発見するまで、マインドはいろいろと幻想を抱かせ、人格はまだ浄化されていないエゴやマインドを信頼してしまい絶望的になります。あなたは心の平和を失います。時に「幸せ」を感じると、あなたは「これが答えだ！」と考えてしまいます。でも違います。それは表面上のことだけなのです。あなたは理由があって「幸せ」ですが、それは表面だけのことです。私にはあなたが平和でないように見えます。

なぜなら、本当の平和とは混乱の最中にでも体験できるものだからです。職を失ったとき、両親を亡くしたとき、家を火事で失ったとき、パートナー、妻または夫に去られたとき、子どもたちが家を出ていったとき、お金が底をついたとき、事業に失敗したとき——あなたの世界が崩壊していくとき——その時、あなたは安穏でいられますか？　あなたは自分をゆだねられますか？　あなたは恐怖、それとも信仰と平和の中に生きていますか？

自分の中に葛藤、緊張、恐怖、闘いがある限り、平和を築くことは不可能です。あなたの中に闘いがあるのに、どうしてこの次元で平和を築くことが可能でしょうか。平和は私たち一人ひとりと関係があります。ある人たちは、この世界は地獄と化していると言います。では誰が地獄をつくっているのでしょう。地球の住人たちです。常に覚えておいてください。天国か地獄、善か悪、正しいか誤りであるかは、人間のマインドの中でのことです。あなたは何を**選択**するのでしょうか。

あなたの知性が浄化され、マインドが気づきを受け入れるようになると修養を通じて意識の法則や神、根源、創造主という至高の知性、至高なる力の法則をつかむことが一分間でも楽にできるようになります。あなたは「神」という言葉の何を理解して神をどのように見ていますか？　神をあるがままに見るか、それとも自分が見たいように見るのでしょうか。あなたは神を見ることを選択し、望みますか？　それとも、「そういったことに注意を向けるのは別の機会に」と言うのでしょうか。そして、あなたは仕事や金儲けや恋人などを探そうとするのでしょうか。ほとんどの場合、魂*に目を向けるのは最期か明日という存在しない時間に引き延ばされてしまいます。ここでもまた自由意思や自分の手によって、**あなた自身**が独自の世界や自分の癒し、あるいは天国や人生経験をつくり出しているのだということが分かるでしょう。

神、根源、ワンネス（一なるもの）、創造主はあなたの**中に**存在し、一瞬のうちに体験することができます。これはマインドや感情を超えた計り知れない力であり、あなた方の一人ひとりがそれを持っているのです。あなたがそれに注意を向ければ、すべての世俗的なマヤ*（無知や幻想）を超えて生きることになります。するとあなたは、この世界自体が自由だということに気づきます。ババ*（サイ・ババ）はこう言いました。「恐怖の眼鏡から愛の眼鏡に変えなさい。そうすれば、この世の真の美しさを見ることになるだろう」

長い間にわたって瞑想をしているが練習の成果が上がらないという人たちに対して私は、あなたの存在の中にあるいくつかの扉が開かれるのを受け入れるように求めます。あなたが初心者に戻り、今まで受けた講習や今までに出会ったすべてのグル*やスピリチュアルな教師たち、そして授けられたすべてのマントラに対する虚栄を手放すように私は誘います。謙虚になることです。一新することです。再生のこの瞬間は創造の奇跡に満ちています。これが生命の法則——絶え間ない変化、絶え間ない進化です。悟り*に対するあなたのすべての**見解**を手放し、マインドが真理ではない基礎の上につくり上げた期待をすべて手放してください。

恐怖心をもたずに自分の魂のために生き、自分の目的のために生きてください。人間の生命の目的は、自分の中に存在する大いなる自己、私たちが考え、そのことについて話し合う「神」を求め、発見することです。すべての瞬間にこの目的を達成する可能性が秘められています。しかし、分離の感情のためにその存在は体験されず、あなた方のほとんどは恐怖心から愛、愛から恐怖心へと振り子のように揺れながら二元性の中に生きています。この恐怖心はとても強く、あなたを揺さぶります。あなたの思考パターンはあまりにも深く恐怖に浸るので、あなたは自分の感情や自分の力までを怖がり、逆に恐怖心さえ信頼してしまいます。

もちろん、あなたはいつも幸せでありたいと思っています。どの人も幸せでありたいのです。あなたのすべての行動は幸せになるためのものです。ところがそれを自分の外の要素に求めるために長続きしないのです。あなたは、自分がすべての行動の中に幸せを求めていることに気がついていますか？　それは単にあなたの本質が喜びだからそうなるのです。聖なる喜びがあなたの中に存在しているのです。そして向上した気持ちがあるとそれが呼び水となり、この内在する喜びを明らかにし、目覚めさせるのです。この内なる喜びをひとときも忘れてはいけません。

外の世界で体験する喜びは、あなたの内なる喜びに比べると小さなきらめきでしかありません。マインドに仕事を任せ、自分自身の中に入ってください。そこにあなたが探し求めている喜びのアムリタ*（不老不死の霊薬）を発見するでしょう。外の世界はこの満足感をあなたに与えることはできません。あなたは聖なる喜びを探しますが、それはあなたが自分に内在する真理と接したときだけ得られるのです。

自分がマインドと同一だと信じることをやめたとき、あなたは自分の神聖さを感じるようになります。肉体の中に生きているのはあらゆる存在の根源である「わたしはありてあるもの」[*1]の存在であり、この存在は現世で創造されたすべてを超えています。「わたしはありてあるもの」は絶対であり、あなたの中の純粋な聖なる意識であり、あなたに愛されるために生きています。この愛はあなた自身のハートの中だけにあり、書物の中にはありません。なぜなら、ほとんどの書物はマインドによって創造されているからです。この愛を見つけたとき、人格やマインドは初めて至福を体験します。あなたは選択の自由があることを知っていますね。

静けさがこの聖なる意識をあなたに与えます。静かにしなさい。「わたしはありてあるもの」（であるあなた）が神であることを知りなさい。静けさは、あなたが自分の五感をコントロールすることを許します。「わたしはありてあるもの」という絶対存在、または意識があなたの人格と交代すると純粋さが表面に出てきます。その時、初めて無限なるものが存在します。あちらこちらに意識が動くマインドを通して機能している間は、絶えず苦悩がつきまといます。あなたの本当の神聖な存在である「わたしはありてあるもの」だけが、その苦悩を取り除き平和をもたらします。

瞑想はその痛みや喜びを超越しています。しかし、瞑想で得た体験で思い上がってはいけません。瞑想は観察の状態であり、証人となる状態、神そして真我*の状態です。しかし、マインドはいろいろな考えを持ち込みます。これらの考えは絶えず変化しているのをあなたは知っているはずです。どうしてそのようなマインドを信頼できるというのでしょう。瞑想は内在する透明なあなたを開花することを許します。それはいったん開花すると、どんな行動をとっても開花したままです。純粋なエネルギーがたくさんあなたの存在全体に注ぎ込まれ、その意識からすべてが創造可能となり、そして創造されます。

このような自由が体験されるのは意識が自由そのものだからです。意識は純粋なエネルギーであり、これを使って何でも創造できます。意識はあまりにも自由で、「汚れること」はありえません。この意識はあなたの呼吸に生きていて、呼吸はあなたを直接、神に導いてくれます。

あなたにはこれらの認識がないために、この意識や自分の光の輝きに気づいていないかもしれません。本当は、そこには会得するものは何もありません。感じたり、知覚したり、受容したり、気づいたり、接触したりする行為があるだけです。それらの行為は愛の感情によって可能です。マインドは、直接的な体験を許すのにはフィルターが多すぎ、それを取り除くには何年もの浄化が必要です。この光はあなたです。そしてすべての瞬間、あなたのハートの中で輝いているのです。あなたが真の感情（恐怖心に根源を置かない感情）とつながるとき、素晴らしい光の存在を体験します。これがあなたなのです！

第3章　喜びと至福の根源

あなたは自分に内在する喜びをまず体験するために、
内側に入ってください。
真の喜びは永久《とわ》に終わりがなく、
すべてを超越し、満ちあふれたものです。

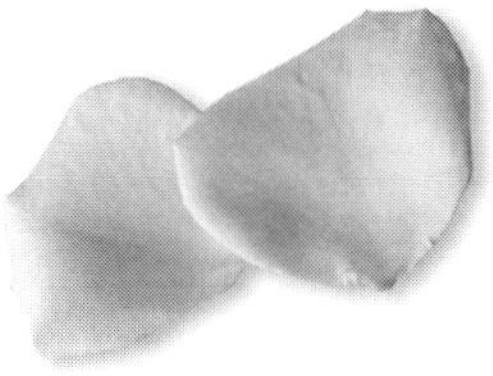

幸せは理由があって来るが喜びは内面から生まれる

変化して過ぎ去っていく**人間関係**や**結婚**などの事柄の中に真の幸せを見つけることはできません。去来するものは幸せとともに痛みももたらすというのは確かなことです。あなたは幸せかもしれないし、そうでないかもしれません。あなたは結婚するかもしれません（結婚が大きな喜びをもたらす、と私が確信しているわけではないのですが）。あなたは幸せになりたいと望んでいますが、あなたが幸せになるとは私は断言できません。自分の内面を見ると、そこには真我の喜びがあるということを理解してください。すると「真」が何であるかが分かります。幸せは理由があって生じるものですが喜びは内面から湧き出るものです。

「痛み」、「楽しみ」、「困難」、「難しさ」、「優しさ」などという考えはすべてマインドの中にあり、絶えず変化しています。私たちはマインドの中の一つの考えさえ信頼できません。なぜなら、それらすべては苦悩の状態にあるからです。痛みは楽しみの**背景**にあるということを知ってください。そういった世俗的なことは長くもたないからです。それらはやって来て、去っていきます。

あなたが「私は混乱している」と言うとします。その時、（真の）あなた自身は混乱してはいません。というのは、あなたは大いなる自己だからです。実は、混乱しているのはマインドです。マインドは混乱するものです！　内省をして、「混乱を招いているのは何だろう？」と自分に聞いてみてください。そして答えに注意を払ってください。気づきましょう。

自分の欲することや望んでいることの奴隷になってはいけません。あなたは、あなたが切望している喜びを妻や夫、子どもたち、家、車、仕事、家族などがもたらしてくれると考えていますか？　求めるのをやめてください。それは悪循環です。あなたのマインドの落ち着きを奪うすべてから自分を切り離すのです。**これらの中で永続するものは何ひとつありません。何ひとつもです。**

無変化なものだけが永遠です。変化するものは長続きできないのです。あなたは永遠の幸せ、永遠の喜びを求めますが、「永遠」の意味を分かっていません。永遠とは、時間を通して衰えない記憶です。あなたの意識、あなたの記憶を無限の時間の波動の中に永遠に刻んでください。永遠とは、真の喜びのように変化しないものです。それは絶えず変化するマインドとは異なります。

喜びは永遠の力

創造主は喜びをもって、喜びの中から、喜びに満ちて、私たちを彼または彼女の姿に似せて創ります。絶えず喜びに満ちて生きるのが私たちの伝統であり、生得の権利でもあるのです。喜びが私たちの本質なので、私たちは実際、暗く塞いでいるより喜びに満ちている方が自然なのです。真の喜びをあなたから奪うことは誰にもできません。誰もあなたに内在する喜びを掠《かす》め取ることはできません。

喜びと幸せとは非常に異なっています。幸せになるには理由がありますが喜びは純粋な愛という根源から生まれてくるものです。真の喜びは簡単に波及し、人を容易に変容させることができます。内面から生まれる喜びは形を持たず五感を通して得る幸せを超えています。これはすべての根源の源であり、あなたが内面に入ったときのみ存在します。なぜなら、この喜びは至高なる自己から生まれてくるのですから。

あなたはこの喜びに酔いしれるでしょう。歓喜の中で踊り、喜びの愛、愛の喜びに酔いしれて、自分が踊っていることにも気づかないでしょう。外的な喜びは、内在する聖なる喜びが限られた形で表現されたものです。あなたの存在自体が喜びです。涼しい風が喜びをもたらし、一緒に座ることが喜びであり、太陽の祝福が喜びなのです。すべての存在が喜びに満ち、喜びにあふれ、宇宙全体が喜びの天恵《グレース》を与えてくれているのです。

喜びがあなたの細胞に脈打ち、あなたの中に温かい愛の気持ちをもたらします。この気持ちはあなたを平和に導きます。あなたの真のスピリットは喜びなので、それが中から上昇してくると、邪魔をするものは何もありません。この至福があなたの内在する神の本質なのです。

一輪の花が与えてくれる喜び、私たちの目から表現される喜びの優しさ、私たちのハートから来る喜びの涙、奉仕しているときの独特の素晴らしい喜び、これらの喜びの化身となれる私たちは、なんという祝福を受けているのでしょう。聖なるものは喜びを与えてくれます。その花びらを開くとき、大きな力を放射し、そしてその音は宇宙に響き、こだまします。喜びはなんと尊いものでしょう。

愛する者たちよ、喜びを歓迎してください。[1] これはアットマ*（真我、高次元の自己）であり、この至福の状態にあるときは疑いを差し挟む余地はありません。この喜びを味わい、飲み、自分の存在のまわりに感じ取り、すべてと分かち合い、会う人すべてにこれを伝えてください。喜びを宇宙の中で表現するのはあなたのダルマ*（正しい行い）です。

昼食に私はパパイアをいただきました。この果物のスライスは愛、そして喜びで満ちていました。神によって提供され、神によって準備されたこの果物を食べるのはなんと喜ばしいことでしょう。私たちは祝福されています。私たちはあまりにも愛されていて、果物でさえ私たちの体の中で愛を表現してくれるのです。

宇宙の喜びを体験するのはどれほど貴重なことでしょう。まず、あなたは**内側**に入り、そこに内在する喜びを体験するべきです。真の喜びは尽きることがありません。喜びは超越的で満ちているものです。自分の意識を宇宙の喜びと融合させてください。喜びと満足感は、あなた方それぞれの聖なる資質です。至福に満たされたままでいることは簡単なことです。至福があなたの本質だからです。喜びの偉大さ、純粋さで自分を満たしてください。喜びは母であり父である創造主の王国に導いてくれることは間違いないでしょう。なぜなら真の喜びはとても力強いからです。それは直接、根源から来るものです。根源と一つになるためには、「善」や「悪」、「正」や「誤」などの二元性を超えて、失望のないところまで行かなくてはなりません。

この喜びは慈愛にも満ちていてあなた方を真理と真我に、そして神に導きます。その存在は喜びの化身、そしてスピリットです。サダナ*（スピリチュアルな修行）を行う人たちは内在する喜びを知っています。献身的な愛は、あなたを聖なる喜びに導き、その喜びは誰もあなたから奪い去ることはできません。あなたの偉大さの中に潜む深い喜びが自分を表現して、自分の存在をあなたに明かそうと待っています。

あなた方の一人が自分の存在の中で至福の洪水、至福の波、すべてが至福として体験されたという説明をしている間、私はしばしば畏敬の念にとらわれていました。至福はあなたの本質であり、あなたの細胞の本質です。あなた方が私のところに来るときに、私に見える喜びの波、純粋さと混ざり合う喜び、これはなんと喜ばしい、素敵な、貴重な本質でしょう。あなた方は皆、この至福、この神性の喜び、私たちがこのように一緒にいられる喜びに気づかねばなりません。

第4章　恋愛の真実

あなたたち二人が、栄光、勝利、ワンネス、そして神聖さ、これらのみを志向した関係に入ることを選択したならば、分かち合うものはとてつもなく素晴らしく力強く、二人の息吹は宇宙と融合するでしょう。

恐れと必然性の限界

あなたが恋愛をするのはほとんどの場合、寂しかったり、自分一人でいるのが怖いからだったりします。時には落ち込んでいたり、退屈だったり、肉体的な必要があって恋愛関係を選ぶこともあるでしょう。もしこれらが関係を結ぶ主な理由であるとしたら、どうしてそれが調和的な関係でありえるでしょうか。

あなた方の多くは古い恋愛関係から得た恐怖心を新しい関係に持ち込みます。どういうことでしょうか。あなた方の多くは、恋人だった人が新しい相手を見つけて自分たちの関係が終り、そのために傷ついたり、怒ったりします。次の新たな関係が始まると、あなたは「彼が私を捨てないでいてくれるといい」とか

「彼女が私を捨てないでいてくれるといい。前のようにひどい目にあいたくない」と感じているのです。あなたが過去を「今」の瞬間に持ち込んでしまうと、あなたはもはや「今」の瞬間にいることができなくなります。新しい関係なのに新鮮ではいられないのです。恐れの気持ちがある限り、どんな関係でもあなたは自由でないことを知ってください。

それが理解できるでしょうか。古いパターンのまま新しい関係に入らないでください。新しい関係を望もうとしたら、自問してください。「どういう理由で私は新しい関係を求めているのだろう?」。関係を持つにはたくさんの目的があります。たくさんの目的です。自分に問いかけてみてください。「目的があって新しい関係に入るのだろうか? そうであれば、この関係の目的は何だろう?」

あなたは、それぞれの関係が聖なるもので、それぞれの関係が新しく、神聖で、そしてユニークであると気づいてください。そして、あなたはその関係の中で分かち合うべきことを忘れてはなりません。あなたはパートナーに何も求めていないと思っているかもしれません。しかし、**考えて**ください。注意深く見てください。あなた方のそれぞれに、関係を持とうとするどちらの側にも何か空虚なものがあり、満たされるのを求めているのではないでしょうか。それが関係の唯一の真理であるわけでもありません。あなたは、パートナーに「愛している」と言います。でも本当は何を伝えようとしているのでしょうか。この関係にどのような条件をつけているのでしょうか。あなたは何を期待しているのでしょう。この関係は新鮮なものでしょうか。自発的なものでしょうか。あなたはすべての自由と引き換えに、要求に基づいた何らかの期待を創造していませんか？　すべての正しい理由を帳消しにして、誤った理由を活性化していませんか？

パートナーとの関係はあなたの真我の鏡

まず一つには、恋愛関係はあなたの真我を映し出す鏡だということです。そして二つ目には、それはあなたを成長させます。関係の中で決断をしたり、体験したり、「はい」と「いいえ」を言わなくてはならないからです。あなた方の何人がパートナーに「いいえ」と言えないでいることでしょう。「いいえ」と言う方法を知らなければ、どうして「はい」と言えるのでしょう。「はい」と「いいえ」にはバランスが必要です。

私は気づきました。あなたは恋愛関係に入ると、すぐその**時間的な要素**、つまり長く続くかどうかについて考えます。関係にしがみつき、長期的なものにしようとするのです。これはどういうことでしょうか。どのような恐怖心が裏で働いているのでしょうか。もし自由な身で関係をもっているのであれば、得るものは多くあります。たとえば、自分が相手に何かを与えていると気づかずに与えていたとすると、その関係は満足できるものです。恋愛関係にあって、相手が変わってくれることを期待していないとすれば、あなたは成長しつつあります。

忘れないでください。真の人間関係には「すべき」や「あるべき」とか、また義務などはありません。あなたはその関係の中で、相手があなたに身を託すことを期待せずに高次元の自己に身を託すのです。恋愛関係は一つのきっかけです。それはあなたを創造そのものとの「関係」に導きます。あなた自身の魂があなたをそこに導いてくれたのです。

そして、あなたはこの鏡を引き寄せたのです。引き寄せたものは自分を映す鏡なので、もしもある日、あなたが憎しみ、嫌悪感、妬みなどを感じ、「この恋愛をしなければよかった」と思ったとしたら、あなたは**自分自身**と直面していることになります。しかし、もしあなたが栄光、勝利、ワンネス、統一感、そして神聖さ、これらを志向した関係に入るとしたら、その分かち合いは大いに素晴らしく、力強く、二人の息吹は宇宙と融合します。私は、これは確かなことだと思っています。喜びをもってこれを味わってください。

この関係に入ったら、関係を保ちながら**自分**を愛しているのか、自分のことを忘れていないか、時間をかけて気づいてください。自分を忘れるということは大きな間違いです。この関係の中で自分を愛することができれば、絶えず**自分**の外に出て、相手のことばかりを愛するようなことにはなりません。自分の真我を忘れるようなら、この関係はどうして豊かなものになるでしょうか。

そして、あなたがこの関係に持ち込んでくる自分の**イメージ**というものがあります。自分が持ってくる**あなた自身**の一部分です。自分のイメージを見直してみるのはとても重要なポイントです。

人生における目的が何であるか、自分が成長しているのかどうか、そして気づきがあるかどうか、自分に問うことも重要です。あなたは自分が愛している事実を発見するかもしれませんが、もし愛しているのなら、パートナーの高次元の自己を愛しているのか、肉体を愛しているのか、自分に聞いてみてください。それとも、肉体と真我を混同しているのでしょうか。混同しているところがあるなら、この関係があなたの中にどのような混同を引き起こしているか見極めてください。

しかし、まず自分の高次元の自己との関係に入るのだと理解して、この関係におけるあなたの神聖さを大事にしなくてはいけません。自分が何を実践しているのかに気づき、自分の関係を内在する愛や真我、真我の知識に栄光をもたらすように役立てているか見てください。そしてあなたが高次元の自己としての自分を称賛し、栄光を称えているのか自分に聞いてみてください。

あなたはこの機会を謙虚になるために選んでいるのかどうか、そしてこの機会を関係を通して**自分が誰**

であるか、よりよく知るために選んでいるのか考えてみてください。たとえば、この機会に自分の恐れが表面化するのを許すのか、そうであるなら、その恐れに立ち向かっているのか。もしかしてありのままの自分の姿を経験するためにこの関係を選んだのか。あなたは何を選択しているのでしょうか。

そしてこの関係において、あなたは高次元の自己の存在を表現しているのか、自分に聞いてみてください。あなたが誠実であり、真我に正直であれば、その関係で何を実践していても（あなたとあなたのパートナーということですが）ワンネスになります。それゆえに、あなたとパートナーは一つとなります。

もう一度言いましょう。あなたが恋愛関係に憧れるのは自分を忘れているからです。あなたは自分の高次元の自己を忘れています。あなたは自分を失い、誰か**他の人の中**に自分を見出そうとしているのです。恋愛関係に入るとき、相手は自分の何を**満たして**くれるのか自分に聞いてみることを勧めます。私はこの「満たす」という言葉に特別な意味を持たせています。なぜなら、あなた方の多くは自分の中で何かが欠けていて、その欠けた部分を**満たしたい**と望んでいるからです。

次のような疑問が湧いてきます。「私が本当に愛しているのは誰だろう？」、「私は愛が何であるか知っているのだろうか？」。この関係において、あなたのハートが正直であるかを知ることは重要です。もしそうであれば、その本当の気持ちはどこにあるのでしょう。あなたは自分が罠に落ちていくのか、愛に落ちていくのか、情熱に落ちていくのか、これはプラスになる体験なのか、自分に聞いてみてください。私がいま使っている言葉、何かが正しいとか間違っている、マイナスであるとかプラスであるというのは、教えの考えを伝える手段です。実際に何かが正しいとか間違いであるということはないのです。

あなた方の多くは、母親や父親から与えてほしかった愛、しかし経験することのなかった愛を求めています。とはいえ、あなたの最初の関係は自分自身とのものです。それが最初の関係です。もしあなたが自分の人生の書物の第一章にまだ入っていないようなら、そうするように導きます。そして自分との関係に入ることを選択するとき、あなたは自分が肉体であるか、マインドであるか、体験であるか自分に聞いてみてください。重要なのは、この自分との関係であなたが進化しているかどうかを知ることです。

もちろん、あなたはあなた方の関係を神聖なものであると見る必要があります。この関係は自分への愛を拡大できる大きな機会です。恋愛がどれほど自己中心的なものか知っていますか？　相手を愛していないと、関係は非常に自己中心的です。その関係がひときわ高い愛の周波数と波動でない限り、とても自己中心的です。

そして、あなたの人間関係における至高なる自己の役割[1]を考えてみてください。聖なるものの役割を問うのです。あなたが意識を持っているかいないか、そして他人からあなたの求める愛を受け取ることが可能なのかどうか。

あなたは自分自身を愛していなければ、あなたが相手を愛することは、まず不可能だということに気づいてください。そして、あなたが恐れとともに生きているとするならば、あなたはパートナーの愛を体験することができないということにも気づいてください。もしあなたがある人に出会い、このように言うとします。「私たちは恋愛をしています。それが永久《とわ》に続くと約束してください。私たちは一緒に暮らし、あなたは私だけを見て誰も他の人を愛さないと」。これは愛ではないということを知ってください。あなた方のほとんどは自分の価値が見えていません。あなた方のほとんどは自分を責めています。このような荷物を持って旅をしていたら、関係をどうして体験できるのでしょうか。いや、それは不可能です。

たとえば嫉妬を感じたら、あなたは相手を失うという恐怖心を持ってしまったのです。それを理解してください。そして自分になぜそのような恐怖心があるのか問いなさい。あなたは相手に一〇〇パーセント自分を与えていないと知っていて、いま相手はあなたが与えていないものを、他の人から受容できることを知っているからなのです。

あなたとパートナーは一緒に暮らしていてすべてを分かち合っているとします。これがあなたの理想です。素敵な王子様かお姫様があなたの人生に現われ、すべてが完璧です。いや、これは真実ではありません。あなたは真実を体験していないだけなのですが、もしこれが真実だとしたら、あなたたちは毎日いっしょに暮らし、毎日相手に愛していると伝えるとします。そこで相手があなたの気に入らないことをするとします。どう感じるでしょう。あなたの気に入らない「何か」をやること、それは劇を見にいくとか、スピリチュアルな分野の集まりに行くとか、グルと五日間を共にすることかもしれません。相手がその決断をした瞬間、あなたは見捨てられたと感じます。あなたは相手があなたを拒否していると感じたり、あなたの価値を理解していない、あなたを尊重していないと感じたりします。

それに加えてパートナーが誰かと出会って、すっかりその人を好きになってしまったとします。彼または彼女は自分たちが深く愛し合っていて深い愛に**落ちていると思って**います。でもこれは彼らの幻想です。そして彼または彼女はあなたに伝えることを決心します。新しい人に出会い、その人と関係を持ちたいと彼または彼女は言います。あなたはどう感じますか？　きっと泣いて、数分、いや、数カ月か何年間か彼または彼女を憎むことでしょう。もう会いたくないと思うでしょう。

これはパートナーをどのように操作するかの話です。恋愛関係ではあなた方のほとんどが何かを**手に入れようと**しています。そして、あなたの相手がそれを与える準備がないとあなたは不幸せです。あなたが欲しいのはそれだからです。相手が与えたくないものが欲しいのです。もうこのような行動はやめませんか？　これは真の関係ではなく、商売のようなものです。お金を払って代わりに何かをもらう。あなたのパートナーとこのような関係になってはいけません。

真の愛の気持ちを尊重する

自分に正直でいましょう。自分の行動を見てください。パートナーを見ると一つ分かることがあります。パートナーにどれほど自分が愛していると言っても、相手は一〇〇パーセント信じてくれないでしょう。相手は自分への愛を体験したことがないからです。そんなものです。あなたがパートナーに愛していると伝えた瞬間、相手は「本当に愛してくれているのだろうか?」と思っているでしょう。

あなたのパートナーがあなたの愛を信じていないとすると、愛を証明するように求められるでしょう。その瞬間、あなたは態度や行動を変え、相手の望むような行動をとりはじめるでしょう。同時に相手も自然な態度や行動が変わり、二人とも変わりはじめます。

これらの裏には恐怖心があります。私がこのようにしても相手はまだ愛してくれるだろうか。もしこのように話したらどうだろう。日常のささいなことで関係が失われていくのを感じはじめます。なぜなら、真我を失いはじめるからです。あなたは高次元の自己をもはや尊重していないので愛への魅力も減少します。あなたは拡大することなく、開かれも開花もしていないのです。それは恐怖心が裏にあるからです。

やっとあなたはパートナーに愛されていることを信じたとします。あなたは、「この関係は長く続くのだろうか？　これはあまりにも素晴らしすぎて本当であるはずがない。サイ・マー、この関係は長続きしないでしょう。あまりにも素晴らしい関係だから続くわけがない」。これがあなたの行動、あなたのパターンです。あなたが愛に落ちた瞬間、相手が自分を愛してくれていると気づいた瞬間、あなたは恐怖心を感じます。失う恐怖です。ここであなたは相手から自分を離していってしまうのです。

これははっきりしています。自分を忘れるほど相手を愛してしまうと、あなたは高次元の自己を尊重することすら忘れてしまいます。自分を尊重せずに関係が開花していくことが可能かどうか自分に聞いてみてください。どうしてそのようなことが可能なのでしょうか。そうなると関係は一つの方向に行くしかありません。ここでお聞きします。**開花するため**でなかったら、なぜ関係をつくるのか、あなたにじっくりと考えてもらい検討してほしいのです。

愛《いと》しい人たち、自分が真理の中にいるのかどうか知る方法は簡単です。その恋愛はあなたを向上させ、感情は自分を向上させてくれるからです。真理から来る感情はあなたを向上させ、拡大させ、内面の喜びの状態へとシフトさせてくれます。それは本当の歓喜であり、**内側**から生じるものです。それは恋愛の相手からもたらされたものではなく、自分自身が体験することから来たものなのです。恋愛とは本来、それぞれをそのようなところに導くためのものなのです。

「タイの聖人」、仏教のマエ・チェ・サンサニー尼僧とともに。サンサニー尼僧は精神的指導者として宗教と政治の両分野で活躍。特に女性の国民の多くから尊敬され支持されている。

第5章 許すことであなたは解放される

許しは解放への扉であり、
この解放はあなたを
高次元の意識に移行させます。

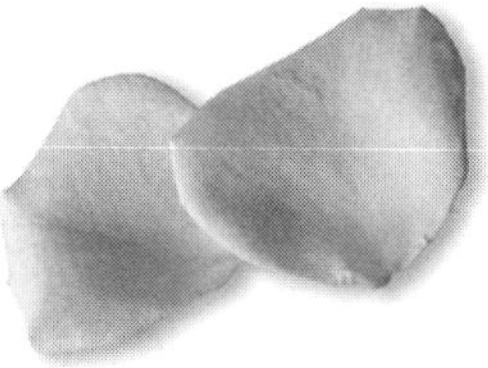

マインドが許すとき、ハートも許す

サダナにおいて許しはとても重要です。喜びが一つの鍵だということをご存じかと思いますが、許しも一つの鍵なのです。許しは解放への扉であり、この解放はあなたを高次元の意識へと動かしてくれます。私はキリストがどのような体験をしたのか、どのような扱いを受け、どうやって相手を許したのかに何度も思いをめぐらせます。なんという自由でしょう。裁くという行為から、なんと解放されているのでしょう。許しはあなたのサダナの中心、あなたの生き方の中心にならなくてはいけません。許すという行為には強力な力があります。

恨みを感じている場でマインドが相手を許すことを選ぶ瞬間、心も相手を許します。するとより多くの愛がハート・チャクラ*に、より多くの光がハート・チャクラに差し込みます。高次元の自己には、いつでもあなたの人生に多くの天恵《グレース》を注ぎ込み、人格を解放する用意ができています。人生には慈悲、慈愛、自然さ、そして許しがあるべきです。それゆえにあなたが相手を許すことができないときはどうしてなのか自分に問うべきです。

どのような状態に自分が生きたいかを選ぶことが重要です。たとえば、「私は地球が平和になるよう望みます」と言うとします。するとどうして人を許すことをせずにあなたは生きられるでしょうか。その平和の状態に移行するためには、あなたのエゴが愛と光に変容されなくてはなりません。恨みといったものはあなたのサトル・ボディ*など、特に感情体と精神（メンタル）体に影響を及ぼす濃厚な勢力に関わりがあります。より多くの光、より多くの平和をその次元に運び込み、より高い周波数に移行するために、これらの体は浄化されていく必要があります。もちろんエゴもこれらの二つのサトル・ボディ、そしてより密度の濃い肉体にも関わっています。

とても長い間、あなたのエゴに与えられた滋養は低次元の感情でした。しかし、あなたはモクシャ[1*]（解脱）の道を歩みはじめ悟りに近づいてきたので、急に高次元の自己に「外的な人格とエゴがすべてを取り仕切っていくことがないように引き継いでほしい」と伝えているのです。エゴは自分の終わりが見えるのでこれが気に入りません。エゴは革命を起こし、マインドが低次元の感情や痛み、反発、怒り、欲求不満、妬み、羨みなどの密度の濃い周波数をすべて受け入れる状態になっているのです。

そこで高次元の自己が出てくることができるように、神の資質である純粋さ、忠実さなどを活性化するのがあなたの任務です。このプロセスは最初の段階で闘いになります。そして、あなたには疑いが生じるかもしれません。エゴは勝ちたいので疑いが生じるのは自然です。しかし、あなたは強くなり、あなたの持つ光の力、この聖なる力が目覚めることができるように頑張るしかありません。

愛は力です。それを疑うことはありません。疑いが生まれても受け流し、あなたはマスターとして高次元の力を疑ってはならないということを覚えておいてください。天使やデヴァ[*]たちは、いつでもあなたを助ける準備ができています。しかし、忘れないでほしいのは人間には自由意思があるので、昇天したマスター[*]、グルや天使たちは、あなたが助けを求めない限り、あなたのエネルギーに触れたり、介入したりすることはないということです。

あなたが自分の人生の指揮をとり、自分の行動の責任をとる時が来ています。エゴがあなたを操作するのをもはや許してはなりません。長い間、あなたは弱かったためにサムスカラ[2*]（マインドに貯蔵されている過去の体験）は低い周波数にとどまっていました。しかし、勇気を持ってください。勇気は必要です。諦めてはいけません。決して諦めないことです。

もしも苦悩から解放されたいと思ったら見極めるのです。そして再びハートに入りなさい。これ以上、あなたのエゴに力を与えることはありません。真我や高次元の自己が表現することを許し、あなたに役立つことを許すのです。これらの古いカルマ*は昔に設定され、そのカルマの木が育ち実が実りはじめています。今、異なった種を蒔いてください。すると罪悪感や恥を感じることはありません。こうして怒りが拡大する力を失います。

もちろん、**自分自身**を許すことは不可欠です。そして相手に許しを求めることは謙虚さをもたらします。自分の感情や低次元の感情をコントロールすること、それをマスターすることを始めてください。気づいてください。自分を観察し、この道に飛び込むことを始めてください。自分の思考パターンを観察してください。変わるのです。シフトするのです。あなたにはその能力があります。そして正しい行いを選ぶことで、あなたは自然に高い周波数に移行します。これらの高次の気持ちはあなたの人生により多くの喜びをもたらします。

許し続けてください。あなたのマインドがシフトするように訓練するのです。あなたのマインドがとても強力な道具であるということを知ってください。それは同時に「空っぽの空間」でもあり、あなたがそこに取り入れるものは何であっても**それは力を得ます**。そこが強力な空間だからです。マインドは見極めることをしないので、その中に取り込まれたものがマイナスであるかプラスであるか分かりません。それは空っぽの空間のようなものでありながらとても強力です。その中に何を入れても大きくなり、とても強くなります。したがってプラス思考であることはとても重要です。

プラス思考になるほど、あなたは常にプラス思考でいられます。マインドに入れるエネルギーは血流を通して体中に行きわたるからです。精神体があなたのまわりにあるように、マインドは体の中にあると言えます。あなたがプラス思考の種を蒔くことを選べばそれは成長しはじめます。高次元の自己は、あなたが何をしているかに気づくとサポートしてくれます。

あなたはより多くの光をサトル・ボディ[3]に取り入れていきますが、昇天したマスターたちがあなたが何をしているのか分かるとサポートしてくれます。あなたが自分に悟りを開いているときです。あなたは光に対して献身的であり、動機があり、自己鍛錬があり、純粋であれば、引き寄せの法則があなたのところにやって来ます。悟りを開くのは長くかかりません。自分の存在に絶えず光を注ぎ込んでください。分離の多くの部分がはずれ、アナンダ[*]（至福）の状態が開花していきます。

再び選択権について思い出してください。あなたが一番の高次に仕えるのか、エゴに仕えるのか選択してください。望むだけ許しの法則を活性化してください。悟りはあなたの手の内にあります。あなたは悟りの天恵がない、と苦情を言うことはできません。あなた方の多くは悟りが欲しいと言います。しかし、悟りを**選択**していないということに私は気づきました。再び尋ねましょう。あなたは何を選択するのでしょうか？　これが欲しいと言い、実際は他の物を選んでも他人のせいにはできません。ハートを開き、許し、選択をすると変容が起きます。

あなたは愛し、愛されていると感じるでしょう。毎日、あなたはより多くの喜びを感じ、高次元の自己への扉を開きます。真我が近づいてくるほど、自然により多くの喜びがあります。逆にエゴはそのような扉を閉じます。あなたはあなたの神に、自分の生活の中に、人格の中に、より近くに来てもらうよう招待していますか？

愛によって自分の波動を高めるのは簡単です。多くの内面へ向かう道具が用意されています。呼吸法、天使たち、昇天したマスターたち、これらの存在があなたをその「**一つの瞬間**」である「**今**」に導いてくれます。自分と自分の可能性を十分に体験することを望むなら、あなたには一つの選択しかありません。高次元の自己と融合するのです。高次元の自己を引き寄せるものは愛だけです。愛以外、あなたのあらゆる存在の根源である「わたしはありてあるもの」の存在をあなたの人格に引きつけるものはありません。あなたは解放されたら、とても楽に愛することができるようになります。

古いパターンに戻るのは簡単なので気をつけてください。光の中で生きる意志を持ってください。あなたのエゴは、あなたを自分（エゴ）が正しいと思わせる気持ちにさせます。ほとんどの場合、エゴは自分を正当化し、あなたが必要なのはエゴだと思わせるさまざまな策を弄します。エゴはあなたを低い波動、低い周波数にとどめて、あなたの五感を操作しようとします。

気をつけてください。あなたは自らのマスターになる義務があるのです。**選択**するのはあなたの義務です。感情を超越してください。そうすると栄光を体験することになります。自分自身の五感のマスターになってください。そうすると意識がシフトします。その時、低次元の波動にエネルギーを与えることがなくなります。パターンからもはずれます。そうなれば、あなたは自由を選び、許すことがより簡単になります。

マインドを使って感情にエネルギーを与えることはマイナスであり、あなたの五感を弱めます。あなたがそうしようと思えば条件なしで生きることが可能となり、条件なしで愛することが可能となります。「今」を充実して生きることが可能になります。そうなるとエゴはもはやエネルギーをもらえないと理解します。しかし、自分に問うことは大事です。自分の感情が恐怖心から生まれているのか、愛から生まれているのか確認することをためらってはいけません。必要に応じてギアを変えてください。選択です。気づきと選択です。

人を許すとき、自分が真我とともにあると思うことが多いでしょう。勝ち負けは関係ありません。正しいも間違いもありません。完全に透明になって許すだけのために許してください。愛自身のために愛してください。

第6章 マインドの本質

マインドが思考できるのは
真我のおかげであり、
真我の光が差し込んでいるからです。

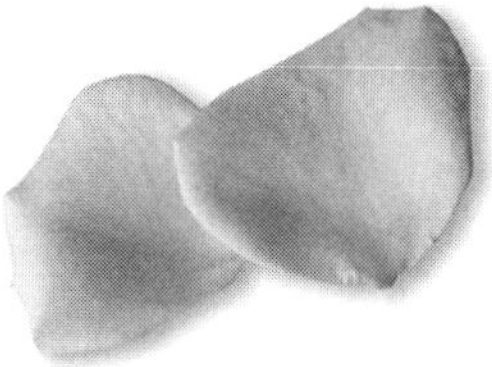

マインドが内面に入るよう訓練する

あなたがマインド（訳注＝〈意識・思考・意志・感情の座としての〉心。精神）に働きかけることを本気で選んだとします。あなたは自分の内面に目を向け、内在するあなたの力をシャクティ*（スピリチュアルなエネルギー）に目覚めさせてもらう必要があります。そのようにして初めて、あなたは自分のマインドのマスターとなるのです。あなたのマインドには、マインド独自の天恵《グレース》*が宿っています。しかし、想念だけがあなたの世界すべてになると、その嘘にとらわれてしまうようになります。マインドはあなたの一番の親友であると同時に一番の敵でもあります。マインドはあなたが自分を知ることを妨げる大きな障害にもなりえます。マインドはあなたの高次元の自己*（ハイアー・セルフ）をあなたから隠すこともできますし、真我にベールを被せることもできます。マインドにはそのような力があるのです。

あなたが自分のマインドを解放するとしたら、その天恵は自分の存在を明かすでしょう。しかし通常、マインドはあなたには価値がないとか、あなたは心配すべきだとか、あなたは神から遠い存在だと思わせています。マインドは分離の感覚を与えたりもします。でも次のことを覚えていてください。マインドに十分に栄養が行き届いていれば、同じマインドがあなたを高次元の自己に融合させるように役立つこともあるのです。このマインドは束縛の要因にもなれば、解放の要因にもなり、善と悪、正と誤、喜びと悲しみなど、二元性のどちらの要因にもなりうるのです。

特定の時点に来るとマインドを観察し、知ることがとても重要になります。誰がマインドを機能させているか自分に聞いてみると、それは真我ではないでしょうか。真我からマインドに光が差し込んでいますが、マインドが真我を知っているということではありません。マインドは絶えず外的な事柄に注意を向けます。いつも**外的なこと**がマインドの関心の的《まと》なのです。どのように内面に入れるか、どのように真我と融合してその光と愛を放射するかということをマインドは忘れてしまったのです。あなた方が瞑想*をすべき理由はここにあります。マインドの主人となり、マインドが内面に入る訓練をするのです。静けさの中に入るときだけ五感が姿を消し、真我が現われます。そしてあなたは自分の神格、「今」、「存在」*、そして神の存在につながる[1]ことができるのです。

マインドの価値は言葉では表わせない無限なものです。マインドを失うとすべてが失われるということをあなたは分かっているはずです。これがマインドの価値であり、力です。マインドには天恵が不可欠なのでグルにこの天恵を求めれば、それは与えられます。あなたのマインドが強くて穏やかであれば、世俗的なものがあなたに作用することはありません。良い健康なマインドの価値は言葉を超えたものです。あなたのマインドが純粋なほど、あなたは快適な気分になります。マインドが静まった瞬間、苛立つこともなく、不安もなく、あなたは最も偉大な喜びを感じるでしょう。荒れ狂うマインドは弱いマインドであり、マインドが静穏な状態であれば、あなたは偉大な力を持つということを理解してください。最高の喜びがあなたにもたらされるのです。やすらかなマインドの喜びは真我にあります。

操作しようとマインドを追いかけてはいけません。状況が悪くなるだけです。マインドがあなたを操作するようになり、あなたはどうしようもなくなります。マインドを理解し、食べ物を与え、滋養を注ぎ、それをよく知ることです。そうすると静穏のみが体験できます。マインドは波動です。それは宇宙を創造した同じ真我、その真我の純粋意識が収縮したものです。それは創造の純粋なエネルギーなのです。

意識[*]が収縮した部分としてのマインドは、意識が宇宙を創造するのと同じように無限の想念をつくります。意識はマインドや想念という形態を取り、そしてあなたは独自の世界を創造するのです。あなたのマインドの中にあるのはあなたの世界ですが、この世界は本物ではなく虚像です。そして常にあなたは自分のマインドの力を恐れています。あなたの世界はマインドによって構成された世界です。それは一時的なもので、マインドに取り仕切られた個人的な記憶であり、一本の糸でぶらさがっているようなものです。

マインドが安定していないと、その中にあるものはどれも安定していません。マインドの本質はあちらこちらとさまようことですが、あなたはマスターですから焦点を切り替えてマインドを**超えた**純粋意識を目指すべきです。私は、あなたに相応しくない想念のすべてを拒否するよう勧めます。このようにして、あらゆる存在の根源である「わたしはありてあるもの」の存在とだけ共にいてください。他のことは皆、手放してください。当然、マインドは最初は抵抗しますが、あなたは焦点がぶれないように耐え、真我と一つになるというゴールへ向かいなさい。あなたの真我は不安定ではなく、平和、愛と光そのものです。マインドに映る真我の姿が不安定に見えるのは、マインドが不安定だからです。

自分の恐怖の正体を知る

あなたの存在の正体をより明確にして、より偉大な愛に導く時が来ました。そのためには障壁となっているものと対峙し、それを解決し、変容させるのです。その壁とは恐怖心です。思い出してください。私の役割はあなたの道の壁となるものが何であろうと、あなたがそれと直面するように導き、異なった角度から見えるように光を当てることです。恐怖が映し出す**幻想**、感情的な反応に意味を置くことの**未熟さ**、大きく感じられる障害が実際には**小さい**ということに目を向けてください。

もしあなたが同じ古い想念形態や行動パターンを選び続けるのなら、私にはあなたを愛すること以外に何もできません。エゴとしてのあなたは、古いものをそれがまるで新しいものであるかのように磨き上げる素晴らしい能力があります。古い問題が新しい顔を装ったにすぎないことが往々にしてあります。注意しましょう。成長だと思わせてしまう「新しさ」というのは、ほとんどがエゴ・マインドのトリックや操作であり、エゴのサバイバル機能なのです。

あなたが真剣ならお願いしたいことがあります。あなたの恐怖心を自分の目の前、そして中心に置いてください。時間をつくり、できるだけ詳細に自分の恐怖、不安や障害が何であるかを明らかにするのです。自分の体から、そしてマインドからそれらを取り除きましょう。いったん、そのようなものが何であるか明確になったら、それについて大きな声で宇宙に語るのもいいかもしれません。いちばん大きく見えるものが何であるか確かめてください。また、できるだけ綿密に把握してください。どれだけ詳しく明らかにできるかが、どれだけそれらを取り除けるかに直接関係してきます。

マインドにはそれ独自の天恵がある

そう、マインドにはそれ独自の天恵があります。マインドは意識が収縮した側面であり、意識は天恵です。宇宙のすべては天恵から創造されています。真我とマインドの違いは、真我は自らの光で輝き、マインドとエゴは別にありながら、意識の閃光《せんこう》がそれらをも照らしているのです。

マインドが思考できるのは真我のおかげであり、真我の光が差し込んでいるからです。真我について書かれていることを読むと、あなたは自分が誰であるか分かります。この真我の天恵により、マインドは「考える」ことが可能となります。この真我の天恵を与えてもらえるように頼んでください。真我は知る者であり、目撃者でもあります。

想念は空にある雲のようです。それらは来ては去っていきます。しかし、空は影響を受けません。鏡なども同じです。ある日、あなたはとても楽しく微笑んだ顔を鏡に見せ、別の日は暗い顔を見せるかもしれません。鏡は影響を受けるでしょうか? いいえ。同じようにあなたの中に絶えずある広大な空間、意識、真我、絶対存在は、想念によって影響を受けることはありません。事はシンプルになります。想念に注意を払わなくていいのです。絶対存在だけに注意の焦点を置きます。そうすれば、あなたが注意を払わないのでマインドは自ら平静さを取り戻します。そうなると高次元の自己があなたにその存在を明かすでしょう。真我があなたに存在を明かすのは自然なことです。

もしあなたが、「わたしは光、ソー・ハム*（わたしはありてあるもの）」とか、オム・ナマ・シヴァヤ*（私は自分の中の聖なるものを尊重します）といったマントラ*を唱えているなら、息を吸うときと吐くときに合わせてマントラを唱え、その時、呼吸に注意を向けなさい。短い時間で瞑想の効果が現われはじめることを私は約束しましょう。マントラを使うことは[2]、あなたを内面の世界に導いてくれます。あなたが自分の肉体と感覚を落ち着かせると、マインドも静まります。そして背筋をまっすぐに保つこと。これはマインドを安定させるのに重要です。

マインドを静めて

神はあなたの目の前にいます。目を開けて神を見てください。そう、瞑想をしてください。心を静かにしてください。喜びを感じてください。喜びは変容すべき何かに変容をもたらすので、そうなるように許しましょう。瞑想を行うのは内在する真理を体験し、内在する永遠を発見し、その内在する聖なるものからダルシャン*（祝福）を受けるためなのです。そしてあなたは人生を生きるとき、この聖なるものにしっかりとつながってください。

愛する者たちよ、あなた方は目覚めるために瞑想をするのではありません。あなたはもう目覚めているのです。それはあなたを縛るマインドを落ち着かせるためです。マインドはとても強く妨げになります。刻々と新しい想念を持ち込んできます。あなたはそれらの想念と意気投合したときは幸せですが、疑問を持ったときは惨めです。そうやって罠にはまってしまうのです。

喜びに満ちてください。これが鍵です！

ある日、「サイ・マー、[*]私はとても幸せです。私は○○さんと一緒に暮らすことにしました」とある人から電話をもらいました。「そう」と私は答えました。「それで、彼のことをよく知っているの？」。「はい、サイ・マー。彼はいい人です」。「あなたは自分自身を知っている？」と私は聞きました。沈黙です。受話器からは相手の呼吸しか聞こえません。私たちがどれだけもろく、か弱いかが分かりますか？　マインドがそうなのです。

最近、私は一時間ほど海辺で波を眺めていました。それは想念がマインドで波打つのに似ています。マインドはいつも私たちの人生を先導しています。いつも何かを求めて、いつも何か行動をしています。

愛する人たちよ、最高かつ最低なのがマインドです。それは選択の問題です。最高を選ぶか、最低を選ぶかあなたはどちらですか？　あなたのマインドは聖なるものからあなたを引き離そうとするでしょう。ですからマインドの主人となり、マインドを静めてください。マインドは信頼がおけません。聖なるものの天恵に、マインドの持ついろいろな傾向を除去してもらってください。そうするとあなたは内面の自由を体験することになるでしょう。

第7章　瞑想による変容の力

より高次の真理をマインドに与え、
聖なる「存在」を味わい、
神を愛す。

すべての限界が消え去る

瞑想は自然な状態であり、あなたの内なる存在を発見させてくれる本物の体験です。あなたが瞑想のために座るとき、何もする必要はありません。喜びの気持ちが自然に生まれます。瞑想を開始するときは、必ず自分の聖なる光を大切にするのだという絶対的な確信の下に始めます。それは自分の存在の内側に、自分の内なるハートに入る瞬間です。

瞑想は壮大なものです。瞑想を通してあなたは、自分が誰であるかに気づきます。愛をもって瞑想することです。瞑想を通してあなたの意識はシフトします。そのシフトはとても精妙かもしれませんが、日常の活動の中でもそのシフトに気づくことは可能です。自分の内在する光がどんどん増していき、輝いていくのが見えるのは瞑想の間だけです。瞑想を通してすべての限界が消え去ります。ボディ・マインドがシフトをすると、自分の美徳が体験されます。マインドも共に人生のシフトを体験します。

瞑想の瞬間には同じものは一つもありません。何も起きていないと感じることもあるでしょう。親愛なる皆さん、何かが確かに起きているのだということを覚えておいてください。あなたが瞑想を始めると内なる存在が開花しはじめます。そのプロセスを止めることはできません。瞑想をするとあなたの内在するスピリチュアルな力があなたを向上させていきます。この力は、多くの異なったレベルにおいてあなたを変容させます。そしてこのスピリチュアルな知識を通してあなたの悟り*は始まるのです。

瞑想にはその独自の力、その独自の天恵《グレース》が存在しています。静寂の中に座ったあとであなたはその力、その天恵を呼び込むことができます。あなたに気づきが生まれるとそこには光の輝き、流れ、そして解放が生じ、あなたのエネルギーは異なったものになります。

瞑想の目的

瞑想の目的は内なる喜び、内なる平和、そして内なる充足感を体験することにあります。私たちのすべての感覚が静まり、至福、サット・チット・アナンダ*（存在・意識・至福）だけが体験されます。

否定的な想念を持つより、「わたしは愛されている。わたしは純粋である。わたしは至福だ。わたしはそれである！」という意識を呼吸とともに取り込んでいきます。自分の内外でダルマの実践はすべての喜びの根源*となります。

深く飛び込む

喜び、平和、愛、そして充足感、これらをおおっているベールがひとたび自分の世界から取り除かれると、世界を異なった眼鏡を通して見ることになります。あなたは怒っているふりをするかもしれませんが、内側からは静かな喜びと愛がふつふつと湧き出てきます。

愛と喜びについて一つだけ覚えておいてください。内側へと深く潜行していくのです。愛と喜びはあなたの内側にある宝物であり、決して誰もそれを奪うことはできません。愛と喜びという特質は高次元の自己の持つ力であり、それらはあなたの日常の生活の中に自然に浸透してきます。するとあなたは人に与えることだけを知るようになります。あなたのハートは宇宙に力強く流れ込んでいる聖なる豊かさにどっぷりと浸ります。あなたは至福の中に入り、それに酔いしれます。これが神または根源の資質だからです。この至福はすべての原子に埋め込まれています。この最も高次の、豊かな、聖なる天恵に満ちた意識に自分の目を開き、体験してください。そうすると、あなたはすべてを与えられることになります。

聖なるものを体験するために、あなたの気を散らすものなど避けなくてはなりません。気を散らすものと聖なるもの、両方を持つのは不可能です。どちらかにしなくてはなりません。あとには、あなたが求めなくてもすべてが与えられます。日常生活を生き、責任を持ちながら、この現世を超越するのです。真我*に焦点を合わせてください。いつも中心にいてください。真我の天恵により、この世界に栄光がもたらされるでしょう。そのためには執着しないことを選択する必要があります。

私は時々、あなた方の何人かを観察します。あなた方は、自分の高次元の自己の崇高さにまで向上することを望みますが、低次元のマインドの人びとと時間を過ごしています。それは自分たちの見せかけの価値観に取りつかれていて、あなたを支配し、操作するような人たちです。勇気をもって自分のサダナに入り、強くなることです。この道は絶え間ない警戒心を必要とします。どの選択肢が適切か、どういった根本的な変化が最適であるかを見極めるため、不断の注意を払うことが求められるからです。

自分の内側に深く入るのです。仕事を終え、家に帰ったときは静けさに入ってください。やりすぎてはなりません。宝物があなたの内側にあります。あなたは高次の真理をマインドに与え、聖なる存在*を味わい、神を愛するのです。あなたが自分のグル*を愛しているのなら、グルを「あなたの最も愛する存在」として見てください。マインドの幻想を、あなたの修行の火によって燃やすのです。

なぜ、あなたにマントラが必要か

マントラとは何でしょう。マントラは聖なるものを呼び込む聖なるシンボルの組み合わせか、神の名前です。マントラはユニークでとても強力です。これらは力、聖なる力が注入されている言葉です。マントラには強い影響力があり、癒すこともしますが、主にマインドを静めます。マントラに焦点を合わせるほど、そこから得るものが多くなります。マントラは神を言葉や音の波動として表現したものです。そして神があなたの本質なので、マントラを意識的に使うことは神に近づく助けとなります。絶対的な信頼をもってマントラを繰り返すとマントラがあなたを神のもとに連れて行き、あなたは神への目覚めを体験できるのです。

重要なのはマントラに自分をゆだねること、マントラを愛すること、そして揺るぎない信頼感をもって神を愛することです。魂*が目覚めるためには、完全な集中力で神の名を唱えることです。グルがマントラを与えるとき、そのマントラを活性化するために自分のシャクティを加えます。グルからいただいた愛はとても貴重で、そのようなマントラをいただけるのは稀なことなので、その好機をしっかりとつかんでください。シャクティの力は間違いなくあなたの役に立ちます。

自分にこう質問してください。「私はこのマントラに何を与える準備ができているのだろうか?」。あなたはこのマントラに全力を託していますか？　マントラが波動であり、神の形のない形であるということを覚えていてください。マントラは、あなたのマインドが光に焦点を合わせられるように導きます。時にマントラは特定の指示をもって与えられるのでそれを尊重してください。これらの指示を実践して、誠実でいて、変化を受け入れ、マントラの光によってマインドが目覚めることを受け入れるのです。

バクティ[1*]（探求者の献身的な愛）は、マントラを繰り返すときにとても重要になります。声を出してマントラを唱えることもできますが声を出さない特定のマントラもあります。完全に意識を開いてください。マントラを唱えるときは「今」にいてください。マントラを繰り返すほどそれはあなたの一部になり、あなたはそれにどんどん近づきます。できるだけ多くあなたのマントラを唱えてください。あなたの舌には神の名がいつもあるようにするのです。それによってあなたは絶えず聖なる想念だけを考え、聖なる言葉だけを発するのです。

最終的にそれが自然になります。あなたはすべての活動においてマントラを取り入れるようになります。マントラは多くの愛、喜び、平和、そして力をもたらし、あなたはサダナの頂点を体験します。マントラとともに、あなたはより深いところへ、深いところへと入っていきます。神の宇宙的な至福を自分の本質として楽しんでください。

マントラの力

マントラは、サダナの最も重要な要素の一つであり、あなたの修行の基本です。それはあなたがこの次元、そして宇宙レベルで行ったり、見たりすることすべての根底にあるとまで言えるでしょう。マントラは聖なる音であり、母であり父である創造主からの音。音と言いますがそれは音楽、チャント[*]、風、鳥、人の音、水、ドラムの音、トーニングやあなたの**呼吸**かもしれません。

マントラは聖なる音で構成されていると同時に、聖なる文字によっても構成されています。あなたの**吸う息**は、「ソー」であり、**吐く息**は「ハム」です。なんと美しく豊かで神聖な音でしょう。あなたの内面の音の力、ソー・ハム[2]の力、宇宙を創造する音、そして宇宙を具現化する音の力。この次元にある音や文字の使い方について考えたことがありますか? マントラは最も高次の存在、真我、神の存在すべてなのです。

意識をもって全身でマントラを唱えれば、解放まであなたを連れて行く舟に乗り損なうことはありません。ジャパ[*]（マントラの復唱）を実践するのが神と融合する最も早い方法です。あなたは良い行動しか実践できなくなり、そしてあなたの想念は絶え間なく神聖なものになります。あなたの人生において、あなたの焦点は常にその**名前**と**言葉**に置かれるようになるからです。

マントラは全宇宙で、その力とそのすべての可能性を発揮しています。ポイントは次にあります。あなたはどういうふうにこれらの強力なマントラを唱えているでしょうか。あなたはマントラに全身で打ち込んでいますか？　それともジャパは習慣のようなもので、その最中、マインドの注意は他のことに向いてしまっているのでしょうか。マントラの本当の意味を理解しているか自分に聞いてみてください。あなたは気づいていますか？　**目覚めた**意識を持っていますか？

次に、マントラと一つになっているか自分に聞いてみてください。あなたは実際にマントラを活性化してマントラを呼吸していますか？　**正しい理解**の下に実践すればマントラの力は人を変容できます。マントラはあなたを一つのクリアな方向に導くことしかできません。それはあなたを超越へと導き、超越した存在と一つにするのです。

マントラを意識をもって使うことは、あなたの肉体の血液やサトル・ボディたちを含む、あなたの**身体全体**にとって偉大で神聖かつ強力な浄化となります。ジャパの実践により、鬱《うつ》病は簡単に消え、血液がきれいに**浄化**されます。マントラには神の力が宿っていることを知ってください。もし信じる心に欠けていたらマントラには何の効果もありません。しかし、マスターやグルが**真の探求者**に与える言葉はあまりにも力強く、その力について十分に表現できる言語はありません。

マントラがあなたのマインドを清め神聖なものにしているとき――そう、マントラにはそのような素晴らしいシャクティがあるのです――どうしてあなたの意識が同じ状態であり続けることができるでしょう。ジャパだけの力であなたのいくつのサムスカラを溶かせるのでしょうか。マントラには生命が宿っていてあなたのマインド、あなたの粗野な性質やマイナスの想念形態を完全に神聖なものに変容する才能や能力、そしてその責任があるのです。

マントラを長いあいだ繰り返しているけど結果が出ません、などと私に言わないでください。それは生気のないマントラなのか、それとも生きたマントラなのか、どちらですか？　あなた方の何人かが私のところに来て、次のように言います。「サイ・マー、私はグルを変えました。次にどんなマントラを使ったらよいでしょうか？」。親愛なる皆さん、マントラは洋服とは違います。それは毎日、取り替えるようなものでもなく、人格（訳注＝小我）が替えたいと思うたびに替えるものではないのです。神の名は神の名なのです！

マントラをもらったあとは、新しいスタートを切ったような気分になることが多いと思います。力、能力、美、安全、至福、天恵、そしてそれ以上が内在する意識の中でより活動的になります。待機していたシャクティが活動的になり、動き、永遠、真我、そして神、これらすべてが活性化します。あなたは**誕生するのです**。

私はあなたに意図的にマントラに依存するよう勧めたいと思います。そのようにして始めてください。それを食べて、飲んで、それと遊び、それと考え、心から愛するのです。すべての中に、そしてどこにでもマントラはあります。自分が屋根の上へと登っているのを想像してください。どんどん上に登ることを選ぶのです。地面に立っていて、霊的な修行をするために梯子《はしご》が必要なのです。あなたの梯子とは何でしょう。それはマントラです。

高次元の意識の中に暮らすためにマントラを使ってください。真我に近づくのです。マントラと高次元の自己の間には違いがないということを理解してください。マントラは臓器、分泌腺、サトル・ボディ、言葉、そしてあなたの存在全体を神聖化して、再び純粋意識に入るようにしてくれます。その間、あなたはこのマントラがあなたの中に**ひとりでに**反復されているのが聞こえるかもしれません。

あなた方はよく私にどのようにジャパを行うべきか、どのようにマントラを繰り返すべきかと聞きにきます。あなたの意識を舌の先に持ってきます。これはとても高い周波数の振動です。周波数は舌の先から、喉のチャクラに移動し、そこからハート・チャクラに、そして他のチャクラに続けて移動していきます。マントラが体全体に浸透するポイントがあり、その時点からあなたが発するすべての言葉が瞬時にマントラになるのです。

もしもあなたが誰かに小言を言ったとしても、その言葉はマントラなのです。ある人が自分のシャクティを使い、そのシャクティが探求者か弟子に浸透していくと、その相手の人生は二度と同じものではありません。**新世界**に入るのです。

「マントラの前」と「マントラの後」があります。マントラを使った後にあなたの内在的意識は眠っている状態から活性化された状態になります。サダナを真から楽しむためにはマインドと肉体が純粋でなくてはなりません。そのとき初めてアナンダに生きていることになります。私たちは、「オム・ナマ・シヴァヤ」というマントラを用います。このマントラの浄化の働きは早く、結果はすぐに出ます。

あなたは、あなたのマントラの力が体の各細胞の中でその力を拡大することを許すのです。マントラがあなたのマインドとハートを満たすことを許しなさい。マントラは生きた力であり、プラーナ*、すなわち生命力なのです。あなたのマントラは真我であり、個人的な意識を間違いなく超越させて真理に導いてくれます。これがマントラの役割なのです。

愛をもってマントラを復唱すると、その実は純粋な喜びであり、純粋な至福です。あなたは今生の存在を完全な信頼と愛をもって楽に受け入れることができます。

勇気をもって未知の世界に踏み込んでみよう

瞑想をしてください。心を静めてください。マントラ、ソー・ハムを自分がなくなるまで呼吸に乗せて唱えてください。マントラはそれが生まれた空間である内在する最高のところまで導いてくれます。

愛の勝利するところで私たちのワンネス（一なるもの）が思い出されます。この偉大なる「記憶」は、あなたのハートの奥底から湧き上がります。

勇気をもって未知の世界に踏み込んでください。「すべてであるその存在」、ワンネス、統一、自由、至福、愛、光、そして**真の人生**がそこにあります。いろいろな体験をするでしょう。どの体験にも執着しないでください。瞑想を続けてください。いろいろな色の光が来ます。それらすべてを超えて行くのです。何もないというところまで行ってください。そこが目的地です。

聖なるものについて瞑想する

親愛なる魂たちよ
純粋な愛は聖なる愛、

それは神の愛。
神の愛は天恵、
神の愛は力、
神の本質は愛、
神の愛は慈愛。
神は「いつも」愛する目で
あなたを見ている。
神になるのです。
他の者たち、そして自分自身を
愛する目で見なさい。
神は純粋。
真我は純粋。

この純粋さはあなたが誰であろうと、無知な物乞いであろうが、教授であろうが、メイドであろうとも、あなた方一人ひとりの中に存在します。その純粋さ、その神聖さについて瞑想してください。何かについて愛をもって瞑想するとき、その対象は自分の中に広がっていくのです。

求めるのです。努力するのです。あなたは宝物を発見するでしょう。あなたはどこに行くにも高次元の自己とともに行くので、そのことについて瞑想するのは簡単です。あなたがどこにいようとも瞑想しなさい。あなたが誰であるか、何をしてきたかはどうでもいいことです。あなたの真我について瞑想しなさい。マインドの主人となり、実際に自分と出会う唯一の場である瞑想に自由と解放があるのです。

あなたは平和を求めてどこにでも行きます。あなたはあちらに行ったりこちらに来たりしますが、それはあなたが自分の本当の価値、自分の完璧さを知らないからです。主をひとときでも忘れてはなりません。あなたは真我からすべてを与えられます。あなたは知識の体験も与えられます。あなたは真我について瞑想することにより、神を愛する人となります。深い愛、純粋さ、そして身をゆだねるように瞑想してください。そこに天恵があるのです。

あなた方は何度も私に自分はXまたはYを愛しているのでとても幸せだと伝えにきます。そしてその幸福は数日、数週間または数カ月のあいだ続きます。それからあなたは一転し、悲しい状態に陥ります。私はあなたに命を十分に愛するようにアドバイスします。人生を十分に愛せば悲しむことはなくなります。私を信頼して瞑想してください。あなた方の一人ひとりの中に愛と喜びの素晴らしい力が潜んでいて至福の海があるのです。その状態を十分に体験するためには、あなたの体とマインドが静かな状態にいることが必要なのです。瞑想をすべきです。この状態、この意識があなたに自分の存在を明かすまで、何もせずにじっとしていてください。

この存在に気づく

ビジョンを見ることも良いのですが、しかしその必要はまったくありません。あなたはビジョンを見るために瞑想するのではないのです。平和を得るために瞑想するのです。いちばん重要なのは内なるやすらぎ、内在する喜びです。すべてが静穏となったとき、至福が自然と湧き上がってきます。必要な意識は「その瞬間」、その貴重な「今」にいることです。

先に説明したその意識の中では、外からの原因で起こることなく至福を体験します。それは真我、自分の聖なるもの、自分自身の存在、そして内なる自分から来ます。真我を尊重しつづけ、この存在に気づいてください。それが神なのです。

インドのアラハバッドにて、著者にジャガットグル（Jagatguru Bhaktimayi Meera Bai）の称号が与えられた。クンバ・メラの千年、そしてインドのビシュヌ聖人協会（Vaishnave Saint Society）の過去５千年の歴史の中で、女性では初めてのこと。

第8章 あなたは誰なのか、その真理に目覚めなさい

キリストの光、ブッダ、モーゼ、モハメット、
そしてすべての偉大な聖者たちの光として
自分自身を見てください。
あなたは偉大な存在の化身です。
これが真理なのです。
真理を自分のものとしてください。

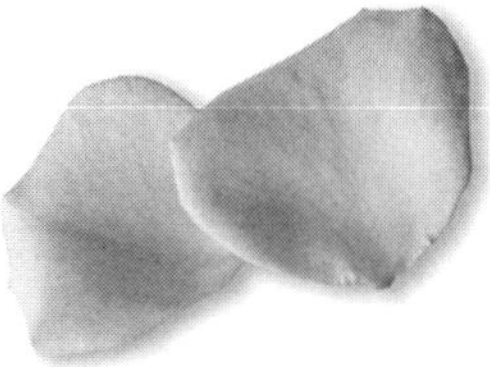

自分が神の化身であることに気づく

人びとは外界を見ることに時間を費やします。人はハートの中にある神の寺院を忘れているのです。今、中に入って内なる世界とつながり探検するときです。今、マスターになるための一歩を踏み出すときです。

今、あなたが純粋な輝きとなり、愛と真理を光り輝かせるときなのです。

あなたに内在する聖なる性質を意識をもってしっかり定着させる時が来ました。自分はこうありたいと

思ってきたすべてを、意識をもって呼び起こしてください。内なる場所から呼び起こし、現実として定着させるのです。すべてはあなたの中にあります。豊かさ、知恵、真理、自分、そして自分以外の人たちのための光と癒しの力。すべてはあなたの中にあります。

あなたが私の中に見るすべては、あなたにも可能なものだということを知ってください。あなたもそのようになれるのですが、それを自分の権利として**求め**なくてはいけません。それは他者と分かち合ってよいものですが、あなたはそれを**輝かせる**必要があります。ポイントは意識と気づきです。自分を開いて受け取り、活性化して定着させ、自分のものにするということなのです。この人生の主題は**あなた**です。他人事ではありません。あなたが執着している多くのことは主題ではないのです。自分が誰であるか、自分が誰なのかを表現すること、自分が誰であるかについての責任をあなたがとるということです。あなたの現実やあなたのマインドの中には、自分の存在についての真理を理解するのを助けてくれるものは何ひとつありません。真理はとてつもなく大きく計り知れないものなのです。

自分にこう言ってください。
わたしは大いなる存在の化身である。
わたしは大いなる存在の化身である。
わたしは大いなる存在の化身である。

わたしは復活であり、命である。
わたしは復活であり、命である。
わたしは復活であり、命である。

わたしは真理である。
わたしは愛である。
わたしは豊かさである。
わたしは存在するすべてである。

聖なる喜びがあなたに満ちあふれます。聖なる愛があなたに満ちあふれます。聖なる平和があなたの現実になります。

分離は存在しないということを知ってください。分離が創造されるのは、あなたがそのような選択をするからです。しかし、それは現実ではありません。自分を聖なる火*として視覚化してください。自分が聖なる火になっているのを想像するのです。あなたは自分のハートの中に入り、「永遠の原子*」まで到達して、ハートに「青い炎」を見つけ、それを体全体に広げてください。青い炎をあなたの臓器、分泌腺、チャクラに持っていき、脳で炎が燃えているのを感じてください。あなたのすべてのサトル・ボディやオーラにも広げてください。
あなたは自分を聖なる火として見て、これが真理だということを知ってください。自分をキリストの光、ブッダ、モーゼ、モハメット、そして偉大な聖者たちの光として見てください。これが真理なのです。この真理を自分のものとしてください。

さあ、意識をもってあなたがこの人生の中で具現化したい現実が**何であるか見て**ください。意識をもってこの人生の中で選んで具現化するすべての真理を**呼び覚まして**ください。意識をもってこの人生で選ぶ現実を**定着**させてください。あらゆる存在の根源である「わたしはありてあるもの」[*1]、神の化身である。わたしはキリストの愛の聖なる炎である。わたしは宇宙である。次の教えを使うのです。わたしはそれであり、汝はそれであり、すべてはそれであり、それ以外は存在しない。

修養はこれをマスターするための扉です。気づきはマスターするための扉です。献身もまたこれをマスターするための扉です。求めれば扉は開かれます。あなたのスピリチュアルな案内人たちはあなたを目的地のすぐそばまで導くことができますが、扉を開けて入る選択はあなたがしなくてはなりません。気づきと選択です。この世界の中で生きる人でありながら、この世界の人になってはなりません。光の存在になりなさい。この現実、この三次元の現実に縛られてはなりません。多次元的な存在になるのです。そして、不幸だった子どもの頃の虚しさを埋めようとしてはいけません。いま何かが不足しているかのように、子どものころ得られなかった何かなど探してはいけません。すべてはあなたの中にあります。あなたが求めている愛はあなたが**あなた自身**に与えるものなのです。

あなたは誰にも愛される必要はないのです。あなたの本質は愛そのものなので、あなたは愛以外の何ものでもありません。あなたは愛の海で泳いでいて愛に満ちています。あなたは光の海で泳いでいて光に満ちています。あなたは豊かさの海で泳いでいて豊かさに満ちています。あなたは純粋なシャクティの海で泳いでいてエネルギーと純粋なシャクティに満ちています。あなたは意識の海の中の意識なのです。

あなたは神の化身であり、思い出しているのです。この時点で質問をすることはとても役に立ちます。自問してください。「現実とは何だろう?　真理とは何だろう?」。習慣にはまってはいけません。信念体系にはまってはいけません。あなたが誰であるかについての真理を狭めてはいけません。あなたは**肉体や五感**によって自分に限界をつくってはいけません。それらはすべて三次元的な現実です。無知のベールを突き破り、母なるクンダリーニ・シャクティ[2*]の聖なる火に気づいてください。このシャクティを第一チャクラからすべてのチャクラを通して上昇させ、クラウン・チャクラまで持ってきて、あらゆる存在の根源である「わたしはありてあるもの」の存在まで上昇させてください。あなたはそれを開き、それを表現するのです。これが気づきと選択の意味です。気づきと選択。

第9章 サダナは天恵への道

神の波動の中に生きるほど、
あなたという存在から
聖なる波動が放射されます。

純粋になる

サダナ*（スピリチュアルな修行）は実習です。内在する世界と外界、一つの世界から他の世界へと行ったり来たりする実習です。それは瞬間から次の瞬間へ移行するときの態度であり、自分を肉体的、精神的に鍛える行いです。実習であるサダナを通して、あなたはこの世界の**中に**いながら、この世界に**属する**者ではないということに気づくでしょう。実習により、あなたはこの世界の**中で**より良く生きることが可能になります。あなたは自分の生き方を改善し、内側から見ることにより、洗練された性質を得ることができます。それは気づきでもあります。

サダナの中に黙想、集中、瞑想、チャント、それから沈黙やヨガ*などの運動を取り入れることができます。サダナはあなたを強くしてあなたの存在や存在全体を浄化して、あなたは濃い密度の存在から精妙な存在へと移行します。それはスピリチュアルな生活の形式であり、あなたはサダナを通して、自分の目的や使命に気づいていくことになります。

サダナによって多くの充足感も体験されます。その充足感は深部から、内在神から、神であるあなたから生じるものです。この充足感はアムリタ*（不老不死の霊薬）です。これはあなたを若返らせ、エネルギーを再び活性化し、体全体を再び活性化し、聖なるものへのあなたの愛を強化して増大します。この充足感は献身者としてのあり方やその感覚を創造し、後に弟子であるという感覚、スピリットであるという感覚をつくります。信仰が強くなり、あなたの全体の存在であるサトル・ボディ、精神体および肉体が強化されます。

内在する至高なる存在

自分のサダナへの信頼感を養ってください。サダナを通してあなたは、本来持っている自分のマスター性を簡単に体験できるのです。それはこれらの修行によって自分の五感を統御できるようになるからです。あなたは現世のマヤ*（無知や幻想）、現世のドラマの証人となります。その充足感には力があり、それは自分のすべての行動や想念に浸透していきます。そうなるとあなたの経験する人生が変容します。

サダナには豊かさもあります。サダナは天恵《グレース》への扉であり、開くことが可能な扉です。より多く喜びの中に自分がいることを許すほど、自ら扉が開いていくのです。これが天恵のとてつもない力なのです。天恵は、あなたを超越という存在に導く喜びの状態をあなたに授けるのです。超越という存在があなたが世俗的な執着を超越するためのシャクティを授けてくれます。それはあなたが真理と滅びゆくものの見極めができず、無知の中から生じる執着です。その時点であなたが経験するのは栄光、勝利、壮大さ、美しさ、豊かさ、愛、光と平和です。

サダナは、私たちに絶えず警戒を緩めずに、行動や想念だけでなく言葉に対しても常に警戒を続けなければならない[1]ことを思い出させてくれます。あなたが低いレベルのマインドを持ち、低い価値観で生きることを選んだとしたら、どうやって意識を誇り高い崇高なものまで向上させることができるでしょう。サダナはあなたを人の噂などの低い波動の行動すべてから引き離します。そしてサダナは、姿が見えない存在、至高なる存在、あなた方一人ひとりの中に生きて導いてくれる知識、知恵、愛、光、慈愛と忍耐にあふれたそれらの存在にいてくれます。

サダナの道は難しくない

サダナは難しくありません。完全に自然なものです。求められるのは神またはあなたのグルを完全に愛し、マントラを完全に信頼することです。マントラの通過儀礼*を受けたことがなければ、ソー・ハムというマントラを使ってもいいですし、献身や神に身をゆだねるなど、あなたの気に入った方法を使ってください。そしていちばん大事なことは**気づく**ことです。**気づき**が鍵です。

サダナに対して情熱と意欲を持ち、そして専念するのです。愛をもってすべての人に奉仕するのです。願望とか期待を持たずに愛するのです。サダナは難しいものではなく自然で簡単です。瞑想は自然の状態です。気づきをもって自分の道に焦点を合わせていてください。そうなると少しずつ、あなたはその道に深く潜行していきます。

瞑想は多くのことを容易にします。もしもあなたが自分の道が困難だと感じるのであれば、瞑想によって心の平穏、平和、静けさが生まれ、自分の中心が定まってくるものだということを知っておいてください。今まであなたは日常的なテーマで瞑想をしてきたので、私はあなたに内側に入り、そこであなたを待っている宝物を探すようにこれから誘います。視野を外に向けると世俗的な日常が見えるのと同様に、視野を内側に向けると内在する世界の栄光と内在する世界の広大さを見ることになります。そうなると日常生活の中で真理が意識され、活性化され、そのような体験はもはや難しいものではなく**容易**なものになっていきます。なぜなら、瞑想はあなたの魂や存在の自然な状態だからです。その時はじめて、あなたは感情的意識、肉体的意識*から、神、真我、そして根源の意識に移行するでしょう。

真我、内在する姿の見えない存在、内在する証人、これらと自分の証人との関係について瞑想する時間をつくってください。証人、真我や内なる意識などと関係を築いてください。この関係を強くしてその関係を生き、大事に育てそれに専念してください。

聖なる姿勢を育む

チャントをすることによって、あなたは真我との関係を育んでいます。あなたは、自分の中に存在する至高なる存在を思い出すよう刺激を受け、あなたのハートが開きます。するとあなたは無条件に人を愛しはじめます。あなたがより多く「畏敬の念」の中に生きるほど、自分の真実を、そして地球での目的に気づいていくのです。あなたがチャントをする一つひとつの言葉には強力な力が閉じ込められています。これらの言葉は神聖です。したがって、それらの言葉は光と愛をもたらし、あなたのハートとマインドを浄化するのです。

この力はあなたに、あなたの存在全体に深い影響を及ぼし、あなたは自分のとても深遠な部分を体験しはじめるでしょう。そしてチャントをするだけで癒しを得られます。それはあなたの細胞にエネルギーを再び与え、サトル・ボディを再び活性化するのです。これらのチャントの言葉は心の中心に入り、あなたの本質が明かされ、計り知れない喜びが目覚めるのです。

気づきなさい。気づきはサダナです。サダナを行うのはマインドの主人となるため、マインドを浄化するためです。マインドが目覚めると高次元の自己が自分の存在を明らかにします。

お互いの中にある聖なるものを見る姿勢を養ってください。あなたが愛を示せば、あなたにも愛が与えられます。他人を尊重すれば、あなたも間違いなく尊重されます。至福は献身、至高への愛から生じます。至福は聖なるものの形であり、聖なるものは至福そのものなのです。

サダナの道に横たわる障害

あなたのサダナの道に現われる障害とはエゴと執着以外の何ものでもありません。この二つの資質が高次元の自己の原理や真理、聖なるエクスタシーを体験することを妨害するのです。エゴを手放し、執着を手放すと、あなたのハートは再び純粋になります。そうなると、あなたは自然に至高の知恵に導かれるのです。

エゴが住むのは恐怖の地です。その土地の肥料は執着です。あなたは一人になるのが怖いので偽りの安心感に強く執着します。宇宙全体があなたの中にあります。なぜ、あなたは一人になることを怖がるのですか？　地獄をつくるのをやめましょう。天国と同じく地獄が存在するかどうかはあなた次第です。何事も神やあなたのグルのせいにはできません。苦悩の根源はマインドです。次のことを覚えていてください。自分のマインドの主人となれば苦しむ必要はありません。

自分に敬意を払ってください。自分について瞑想してください。内側に入っていってください。あなたの真我は純粋な至福、純粋な意識です。あなたはそれ以上、何を求めるのでしょうか。束の間の事柄ですか？　自分の高次元の自己を知るのです。そのためには必要のないものすべてを手放してください。

神の波動の中に生きる

他の魂とともに座るとき、サットサン*（スピリチュアルな集まり）をつくってください。真理への道、存在への道をつくるのです。共に神の中に生き、真我の中に生き、サダナを高貴なものとすることによってマインドにある不純で汚れた神聖ではない資質（サムスカラ）を取り除いてください。一緒にいることで葛藤しているマインドの「マイナスの部分」をそれぞれが乗り越えることを可能にしてください。

神の波動の中に生きるほど、あなたの存在から聖なる波動が放射されます。天恵があなたを形づけてくれることを知ってください。天恵はあなたを多くのレベルにおいて変容させてくれます。天恵はとても精妙なレベルでも働くので、あなたはそれを見ることになるかもしれません。聖なる仲間と一緒にいてください。自分のスピリットが活性化され、古いサムスカラが現われるとき、それに対峙できる力が得られる場にいてください。そうです、あなたは神の形なき存在を通して、あるいは形ある存在を通して目覚めることになります。どちらの道を通っても、あなたは最高の状態に到達します。

できるだけ頻繁に神を思い浮かべてください。意識を向上させることができるように神と対話し、神について書き、神について読み、神と遊び、そして神への祈り、チャントやジャパを行ってください。神の名はあなたを陶酔の状態である至福に導きます。行動してください。神の名を舌に乗せて、聖なるものへの意識を絶えず持ち続けてください。神への修行を日常生活の中で努力を要さない自然な瞬間にしてください。何か活動を始める前に、神にその日を捧げる祈りをしてください。そして、すべての事柄や仕事を内在神に捧げてください。至高の知性である神に従うとともに、自分の行動や結果をそれに捧げてください。そうすることで、あなたの姿勢は変わっていきます。天恵が自然に流れます。こうして謙遜が具体化され、あなたは神に自分をゆだねることになります。

重要な練習の一つは、あなたの肉体や今生であなたに与えられている役割があなた自身と同一だと思うことをやめることです。あなたの姿勢を変えていくために、あなたはもっと気づきを得ることが必要です。反応するのをやめてゆだねるのです。自分の中にあるシャクティ、神性、キリストにすべての行為をゆだねるのです。そうなると個性が溶けて無になります。あなたのエゴは、あなたが行動をとっていると思わせ、聖なるものを否定します。しかし、あなたの中のあらゆる存在の根源である「わたしはありてあるもの」の存在が行動をとっているのです。根源への愛を増してください。聖なるものの存在を求め、あなたの心の中にある主への愛を強化してください。あなたにはどのような活動をしていても自由意思があり、どんな活動の最中であろうと考え、祈り、愛することができるのです。誰もこの自由をあなたから取り去ることはできません。

神をあなたの親友に、偉大な母に、そして主人にしてください。あなたのすべての恐怖や問題について神に話しかけ、彼女か彼を完全に信頼してください。声を静め、マインドを静めてください。その時だけ小さな「私」（低次元の自己）、エゴ、そして現世が消えます。そうすると、あなたは自分の奥深いところに潜む未知なるものと出合うことになります。美徳を育み、良い仲間をつくり、最も高次なるものを選んでください。

あなたは、自分がすでに目覚めていることを知ってください。あなたは常に自由でしたが、単にそれに気づいていなかったのです。朝、目が覚めて、寝ている間に体験していたのは夢だったと気づくのと同じです。ある日、あなたは目覚め、以前は日常生活と称していたことの非現実性に気づくのです。あなたは実際には永久に自由であり、純粋であり、完全に目覚め、解放された「わたしはありてあるもの」としての存在なのです。

第10章 サダカ*の祈り 1

今日この時、私は真理や永遠の真理に、一歩踏み込むことを完全に受け入れます。

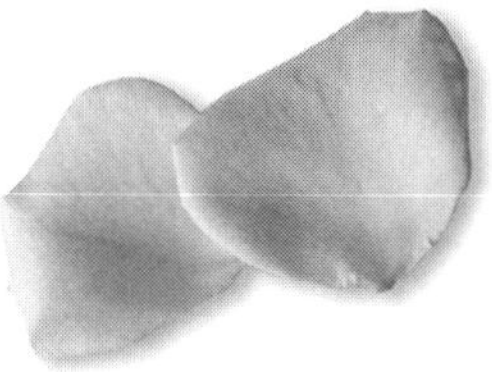

最愛なる全能の存在よ、絶えず授けてくださるすべてに心から感謝します。最も尊いお方であるあなたに祝福がありますよう。今、私はあなたの助けを求めます。あなたの紫色の宇宙の完璧さが私の存在全体に、そして私のアカシック・レコード*、私のカルマ*にも強力に働きかけ、すべての陰《かげ》、人間がつくり出したすべてのものを私の存在から解放してくださることを求めます。私はこの人間の意識とそのパターンと習慣から自分を切り離していただけるよう求めます。どうか私がこの世界にいながら、この世界の者としてではなく生きられるよう。そして病気、老化、死、これらの記憶をすべて受け入れ（承諾し）、その記憶すべてを変化させてくださるように。

私は私のハートの炎から、私たち全員のために尽くしてくれる紫色の光線のエロヒムに祝福を送ります。私のすべてのサトル・ボディ*、肉体の臓器や分泌腺の中にあなたの炎を活性化してください。そして私のチャクラ*、マインドや存在の分子の中に、純粋さ、そして光への従順さを活性化してください。磁気力により、私の人間としての限界をすべて溶かしてください。

私は助けを求めます。そして私は、自分の本来の自由な姿を選びます。私の波動、私の意識を上げてください。私のエネルギーを人間という創造物の持つマイナス要素から切り離してください。私は「コズミック・アクション」（宇宙活動）のすべての感覚が私と私の世界に聖なるものを確立してくれるように願います。私があなたの聖なる意識と共振し、私の中の共鳴の法を活性化し、内在するコズミック・アクションを感じられるように導き、肉体が休む間、私を高次の意識の状態に導いてください。また、許しの法を活性化するように願います。そう、親愛なる絶対存在よ、私は栄光なる光の道、そして愛の勝利の中で十分に生きることを選びます。

親愛なる大天使たちよ、あなた方は幾度となく私を援助してくれると言いましたが、私は断り続けました。今日この時、私は真理、永遠の真理に一歩踏み込むことを完全に受け入れます。真理の波動と存在によって、私の存在全体を浄化してください。

第11章 至高なる自己に自分を合わせる

あなたの内在神の波動に
自分の中心を置き、
光に「はい」と言うだけでよいのです。

内在する神聖な存在に気づく

あなたは肉体に入ったスピリットです。忘れないでください。誰かがあなたについて偽りの言葉を語ったとしても、あなたはただ、彼または彼女を愛せばいいのです。そして忘れないでください。人に対する良い行為も自己中心的な動機からだと非難されることもありますが、それでも良い行為を行うのです。あなたが何かに成功すると偽りの友人や敵ができます。それでも成功するのです。今日、何か良い行いをしても、明日には忘れられてしまうことを覚えておいてください。それでも良い行いをするのです。正直で誠実だとあなたは気づきやすくなります。それでも正直でいてください。かまわずに率直でいてください。それがあなた自身の力なのです。あなたのところに助けを求めて来る人たちも、数分後にはあなたを攻撃するかもしれません。彼らを助けて、他の人たちも助けてあげなさい。

幸せでいてください。幸せでいるのです。そしてそれ以上に人をみな幸せにしてあげてください。

世界に最良の自分を与えてください。最良の自分を！

私はEメールで、次のような質問を受けました。「〈わたしはありてあるもの〉の存在を体験するためにはどんな通過儀礼が必要でしょうか？」。あらゆる存在の根源である「わたしはありてあるもの」の意識*は神です。「わたしはありてあるもの」は、あなた自身の神性、神格・神我なので通過儀礼の必要はありません。自分の最も高次の人格を選び、その「わたしはありてあるもの」の意識、「わたしはありてあるもの」の純粋さに入ればいいのです。輪廻転生するたびに、あなたは意識と人格を融合させることを求め、これを真我、神聖、至高なる存在、根源や宇宙などと呼んできました。すべての宗教は同じ空間にあなたを導くものであり、その空間はあなたの中にあります。

「わたしはありてあるもの」の原理を体験するために、あなたは深く内側に入り、喜びの中にいる必要があります。「わたしはありてあるもの」に導いてくれる唯一のエネルギーは喜びであり、そのエネルギーを体験するかどうかはあなたが選択するのです。もしあなたが内在する「わたしはありてあるもの」の原理を体験することを選ばないとすると、あなたは自分の人格の被害者になります。あなたは内在する聖なるものの呼吸とともに拡大できる空間に入ることを選択しなくてはなりません。私があなた方一人ひとりに勧めるのは、真の自己を発見することであり、その際に通過儀礼とか儀式にとらわれないことです。それでも儀式は確かにマインドを浄化させ、明確にするのに役立ちます。なぜなら、それを実行しているときには考える時間がないからです。

もう一度言いましょう。キリスト原理の化身があなたに内在しています。その「呼吸」を感じてみてください。この呼吸ほど偉大なものはありません。あなたが転生したのは、この地上で体験するすべてを楽しみ祝福して、すべてを愛と光で祝福するためです。自分自身の光の中にいる存在として生き、人類の意識を向上させるために協力し、貢献してください。生命の「ひと呼吸」を感じ、この呼吸に喜びをもって焦点を合わせ、本来、自分は「わたしはありてあるもの」の存在、キリストであるということを知ってください。そうすると聖なる母*は、あなたの聖なる願望と望みのすべてを叶えてくれます。なぜなら、それが彼女の愛の表現だからです。聖なる母は、あなたがキリスト意識*を迎えられるよう、あなたが望むすべてを得られるように準備します。

すべての**想念**、すべての**言葉**、すべての**呼吸**を選択することは、どのような儀式より高次なことです。通過儀礼が目覚めをもたらしてくれることを期待してはいけません。あなたの選択すべてが「わたしはありてあるもの」から直接に来ることを許しなさい。どのような気持ちも、どのような言葉も、人類も、地球への祝福だと想像してください。あなたは今、あなたの「わたしはありてあるもの」の存在、あなたのハート、そして頭脳に対して目覚めた意識の中にいます。自分の言葉が「わたしはありてあるもの」の聖なる呼吸に振動することを許しなさい。喜びに入り、聖なるものを具現化する自己とつながってください。創造主としてのあなたのすべての決断、すべての言葉が尊重されるべきであることを忘れないでください。

あなたは目覚めつつある素晴らしき母なる地球の周波数にいま振動しています。そしてあなたは、この素晴らしき光を自分の中に持っていくべきです。自分の面倒をみるということは、母なる地球の面倒をみるということ、すべての人の面倒をみるということです。あなたは、あなた自身が生きた存在であり、自分の選択権によって成長、拡大、収縮をしています。自分の真理の中に立ってください。あなたは自分の真理が何であるかはっきり分かっていますし、自分の真理の中に立っているときは自分で分かっています。これが創造のエネルギーであり、内在神、至高の聖なる知性なのです。それとともに動き、遊び、そして自分自身が神聖な存在であることを発見してください。あなたは子どもになり、この「存在*」とともに歩んでください。この無限の知性は、あなたをどこにでも連れて行ってくれるでしょう。

あなたはあなたの呼吸に聖なる音を与え、軽々しく自分の言葉を使わないようにしてください。あなた方全員が光のマスターです。仕事をする日々とその思考に光を植え付けてあなたが話すとき、それが聖なる呼吸であるようにしてください。呼吸があなたの中で聖なるものになるようにしてください。これが地上におけるキリストです。あなたの中にある聖なる愛の炎が湧き出て、あなたが拡大し、人びとに奉仕しようとするとき、その栄光があなたの上に降り注ぎます。その光の媒体となってください。喜びをもって内在神に入れば、それはあなたにとって容易いものだということを知ってください。

愛する者たちよ、今はこの地球の大きな変化のときです。大勢の人たちが、「私の人生の意味とは何だろう？　私はこれからどこへ行くのだろう？」などと尋ねる時代は以前にはありませんでした。あなたはこの機会を自分自身を拡大するために使うべきです。たくさんの人がすでにこの「存在」の中に入り、この光のサークルに他の人びとが加わるのを待っています。この光は、あなたが夢の状態にあるときや瞑想*のときに来るでしょう。それはやって来ます。この光はあなたのものです。光に入り、光と融合してください。

そう、光になってください。あなたのために準備された聖なる次元に入ってください。これを読みながら、聖なるもの聖なる住処《すみか》について考え、そこに移行してください。あなたの意識をシフトさせてください。そこに神がいるのです。あなたの完全性、あなたの完璧さ、あなたの聖なるものを体験してください。内在神の波動に自分の中心を置き、光に「はい」と言ってください。[1]

今がその純粋な瞬間なのです。なんと貴重な「今」[2]でしょう。「今」は、なんと神聖で拡大されているのでしょう。じっとしてください。あなたという存在の中心はいつも存在していたこと、それが今ここにあるということを知ってください。あなたは生きた光を通して生きているのです。光になり、光でいることを自分に託しなさい。怖がることはありません。

内在する至高なる自己に自分を整合（アラインメント）してください。自分が光に導かれることを許すと、その瞬間、平和を体験します。聖なる子どもになり、あなたの真理だと知っている、その光の中に立ってください。この光の栄光が拡大するようにしてください。喜びの中にいてください。平和でいてください。

すべてを手放してください。すべてはマヤです。そして一番の高次元、至高なるものだけに仕えてください。それを呼吸してください。これが「ひと呼吸」です。あなたのすべての活動において、一番の高次元を呼吸してください。感情を超え、想念を超えてください。真の力を体験するためにハートを開いてください。意識して自分の人格を高次元の自己*（ハイアー・セルフ）とつなげ、この光の場がこのエネルギーの場を活性化することを許し、それが高次元の目的を活性化するのを許しなさい。あなたは聖なるものであり、あなたの本質が喜びであることを忘れないでください。このことを意識して沈黙の中で体験してみてください。

自分の意図を知り、自分の意図となり、それに包まれ、自分が自分の意図の創造主であることをはっきりと認識してください。聖なる意図に自分を開いてください。**創造主**の光を通して自分を光り輝かせてください。神を思い出し、あなたの聖なる伝統を思い出してください。あなたはその人であり、あなたの愛をもってこのシャクティ*（スピリチュアルなエネルギー）の栄光を称えるのです。この聖なる知性にあなたの光と愛を放射し、あなたの力強い意図により、シャクティの栄光があなたを通して光り輝くことを許しなさい。

あなたの力と愛をもって、ためらわずにシャクティを呼び起こしてください。この愛の力を地球に定着させてください。想念形態をすべてあなたの神格へ引き上げ、この深い愛情と献身に包み込んでください。他に必要なものは何もありません。通過儀礼も必要ありません。

神、神、神。神あるのみ。

アメリカでカバラ指導のマスターとして活躍しているラビ・ジョセフ・ゲルバーマンとともに。

第12章 高次元の意識の明晰さを追求しなさい

あなたがその理由です。
あなたが光です。
——新しい意識の到来なのです。

人格の変容を受け入れる

この地上での人生を全面的に受入れることで、あなたの魂*の勇気を称えてあげてください。あなたをこの次元での真の目的に導くために挑戦と機会を提供するのが地上での生活です。調和と聖なる愛を受け入れ、それがあなたの存在のすべてを包み込むのを感じてみてください。

そうです、愛する者たちよ、あなた方が今、深い変化、変容やシフトの中を突き進んでいることを私は知っています。聖なる力に移行するとき、人格は変容され、意識の目覚めた状態への変化が可能となります。黙想、瞑想と気づきというものが、その満ちたりた空間に導いてくれるのです。

今、地球で起きている出来事により大勢の人が「自分は誰なのだろう?」と自問しはじめています。以前にこのようなことが起きたことはありません。あなた方は全レベルで最高の自己を一緒に体験するためにここにいます。肉体、感情とマインド（訳注＝〈意識・思考・意志・感情の座としての〉心。精神）からスピリットへ移行することは容易ではないと私も分かっていますが、このハート（こころ）の道は、私たちがいるべき唯一の道です。

肉体の中にはいくつかの聖なる局所があり、あなた方はそれらを探検することになっています。それらはチャクラ[1]に位置しています。あなたがハート・チャクラにたどり着くと、あなたは意識のさまざまに異なった状態を体験できます。たとえば、あなたは深い愛を体験することができ、数秒後か数分後には、あなたは同じ相手に対して怒りを体験することもできます。また、その数分後には恐怖心、嫉妬、羨望、強欲も体験できるのです。

あなた方は絶えずシフトしていますが、自分のサダナとしての「道」を歩んでいると、それがよりはっきりと意識できます。あなたは肉体ではなく、からだでもないということ、そして変化は困難で自己修養が必要だということも忘れてはなりません。時に痛みや苦しみが私たちを神に導きます。あなたがその知恵を持ったとき、この過程やこの意識の変化の通過点にいる人を責めたり、裁いたりしてはいけません。覚えておいてください。あなたが内的なバランスを選択し、求め、探すとき、自分の内側に入る必要があります。そのように選択した自分を尊重してください。この内面に潜む美の宝庫を掘り起こし、至高の光とシャクティをあなた自身で体験してみてください。

神の名を自分の舌に置き、焦点を合わせていてください。お互いに分かち合ったり、世話をしあうために他の人びととともに瞑想をすると、私たちはお互いのために役に立ちます。そうすると、私たちは自分の存在のより高い意識に移行します。内在神の力は、あなたが自分のマインドで理解できないような方法であなたを助けてくれます。世俗的な感情を超えるためには、光、神、そしてグル*に身をゆだねるしかありません。

最初の一歩は他人と自分を許す意欲、そして聖なる意志の活動の中へと動く意欲です。これは自分の感情的な反応や態度から自分を解放する唯一の方法です。これはあなたをより深い、より偉大な明晰さに導きます。また、ここで何かを人のせいにしてはいけません。なぜなら、人のせいにすることは、あなたの探究心や個人的な成長に力を与えることがないからです。覚えておいてください。あなたが自分の信念体系をシフトすると、あなたの「わたしはありてあるもの」の存在とあなたの魂が即座にあなたのためにエネルギーを用意してくれます。するとあなたのスピリットとしての性質とあなたの魂は、あなたの日常生活に対してより強い影響力を持つようになります。

あなた方それぞれの中には、聖なるエネルギーの多くのレベルがあり、あなたはそこから導きを受け入れなくてはいけません。あなたは人間ではなく、人間の姿をとったスピリットなのです。忘れないでください、あなたは聖なるものであり、この密度の濃い物質から聖なるもへと移行することになっています。その際、あなたは痛みを伴うエネルギーのシフトを体験しますが、それは他の聖なるレベルのエネルギーに慣れていないからです。怒りや罪悪感、恐怖心などが現われてあなたに挑んでくるとき、それらの感情をシフトさせるには内面にある聖なる愛を通さなくてはなりません。それらはあなた方が陰《かげ》、エゴ、暗闇などと呼ぶものです。あなたはシフトを**選択**できます。鍵はあなたの手の中にあります。あなたの人生はあなたの手の中にあります。神に身をゆだねてそのカオスを光の中に入れてください。

あなたの想念や感情がより愛情深くなると、言葉では表わせない喜びが生まれてきます。あなた方がお互いに愛と慈しみを実践するとき、それは神を敬っていることになります。これはあなたのハートの本質です。

できるときには一人になり、座ったり、横になったりして自分の人格について振り返ってみてください。あなたが他の人たちをどれほど愛しているか振り返ってみてください。聖なる愛があなたから去ることはありません。人びとがあなたをどう扱うかは大事ではないのです。何が大事かというと、あなたが自分の愛と知恵を表現しつづけることです。人類の苦難に対して慈愛を見せてください。許しの気持ちが自分のマインド、想念やハートに姿を現わせるようにしてあげなさい。その時、初めてあなたは「今」の瞬間に自分を持って来られるのです。過去でもなく、未来でもないこの現在に。あなたの具現化の能力は、マイナスの想念を解放することによって増えていくのです。愛に身をゆだね、今までの人生であなたを傷つけた人や場所などすべてを許しましょう。

私たちは多くの変化を一緒に体験してきましたが、私たちを一つにしてくれた愛を忘れてはなりません。多くの場合、私たちはその愛を忘れ、感謝を忘れます。私たちは感謝の気持ちを忘れてしまうのです。お金があっても、仕事があっても、それらは愛の代りにはなりません。昔、重要だったのはお金や仕事であり、人間関係ではありませんでした。今、重要なのは愛であり、お互いのことを思いやる関係です。今、重要なのは生きていること、そして呼吸をするたびにあなたの中に神がいることを思い出すことです。

私はあなたが神の子であることを知っています。あなたが輝く光であり、この世に聖なる光と平和をもたらす能力があることを知っています。また、忘れてはいけないのは、あなたがここで行っている仕事を大勢が助けてくれているということです。あなたのためにです。あなたが光です。新しい意識が到来します。この力をいま感じてみてください。それはあなたの上にあり、まわりにあり、すべての方向にあります。自分の前に感じてみてください。それはあなたのためにここにあります。宇宙はシフトしていてあなたもシフトしています。あなたがそれを愛しているように、それらもあなたを愛しています。人生はあなたに向かっていつも微笑んでいて、あなたの可能性はこの微笑みにあるのです。

母なる地球はすべてを与えてくれます。その母なる地球のようになり、自然のすべてと一体になってください。木を見てください。一瞬にどれだけのものを与えてくれているでしょう。自然も絶え間なく与えてくれています。もはや自分の役に立たないものはすべて忘れてください。神の栄光の美しさを感じてみてください。そして魂は自分を表現したいのだということを知ってください。あなたが人格の中に閉じこもってしまうと、魂は自分を表現することができません。

神の他は何も存在しません。何もです！

第13章　あなたは何を選択しますか？

あなたは神の姿に似せて創られました。
ですから、自分の内側を探求することによって
この（神の）意識に到達してください。
自分自身に問いかけてみてください。
「私が本当に求めているものは何だろう？
私が選択しようとしているのは何なのだろうか？」

恐怖に生きるか愛に生きるか

どのハートも神の住処《すみか》なのです。そしてどのハートも聖なる光の中でそれとともに強く燃えています。その「存在」について気づいていなくとも、その「存在」はそこにいます。すべての人が幸せと自由を求めています。どの人も何かの形で愛を見つけようとしています。

この聖なる愛はあなたの生得の権利であり、あなたはこの状態に到達できるのです。自分を信頼してく

ださい。喜びはあなたの本質です。それを引き出してください。平和はあなたの本質です。平和そのものになってください。愛があなたの本質です。それを体験することを選んでください。拡大することは「真のあなた」です。再びそれを選んでください。私が「すべてが可能なのです」と言ったら、それが可能だということを知ってください。あなたは神の姿に似せて創られました。ですから自分の内側を探求することによってこの（神の）意識に到達してください。自分自身に問いかけてみてください。「私が**本当に**求めているものは何だろう？ 私が**選択しようとしている**のは何なのだろうか？」。ここで私はもう一度、すべてはあなたの中にあるということを強調します。あなたのサダナの中で喜び、平和と愛の明白な存在感を体験しはじめてください。

サダナを通してあなたは限界のあるところから広大なところへ、それから無限へ、そして聖なる意識へ移行できます。**サダナは難しいことではないということを知ってください**。無限の根源*があなたの中にあります。あなたが真理です。「永遠に変わらないもの」はあなたの**中に**あるのです。あなたがこの世界の滅びゆくものたちを超えたところに移行したとき、あなたは絶対の自由の中に生きるのです。

あなたは天恵《グレース》*がもたらした祝福なのです。あなたは天恵の道にいます。あなたがすべてを超越した存在そのものになるまで、この天恵はあなたを取り囲む効力を失ったエネルギーすべてを超越します。限界ある意識はシフトして、あなたは拡大した意識の天恵の中に生きるようになります。肉体感覚レベルの意識が超越された状態になると、あなたは自由になります。

あなたを導くグルの天恵、聖なる天恵、あなたのあらゆる存在の根源である「わたしはありてあるもの」*としての天恵が、あなたのすべてを支えていることは知っていますね。あなた方は皆、天恵の化身なのです。なぜなら、天恵というのは真理の特性だからです。聖なる意識は一つしかありません。あなた方それぞれの中に最高の喜び、神聖な喜び、完璧な喜びがあり、サダナを行っているとあなたに気づきが起きてその喜びを引き出しはじめるのです。いつでもグルはそれに値する弟子にたくさんの天恵を注ぎ込みます。

あなたの存在の核心は天恵に満ちています。内側に入り体験してみてください。待つ必要はありません。疑ってはなりません。疑いはあなたのサダナの敵です。この喜びは第三者や友人や恋人は与えてくれません。あなたからしか生まれないものです。マハ・バクティ*に生きる人だけがこの喜びをあなたと分かち合えるのです。これはあなたを高めてくれる喜び、マインドとハートを浄化してくれる喜びです。

人生や自分自身を変える

あなた方の一人でも何か期待を抱いているのでしたら、それを手放しなさい。世界で今「警報」が鳴り響いています。お互いに思いやりを持つよう、そしてお互いを愛し合うようにという警報です。人間は愛されることを切望しています。人類は愛されることを切望しています。条件なしに何があっても自分が愛されていることを確信できるような愛です。

私たちはみな同じ愛、同じ純粋な空間から創られました。しかし、整合（アラインメント）から外れてしまったために、あなたはあなたの自己、内在する真我*が誰なのかを忘れてしまっているのです。現世で起きているすべての事柄は、あなた方一人ひとりを映し出したものに他なりません。それぞれが自分の中で闘い、戦闘状態なのです。

あなたが自分自身と一つになり、自分自身と調和を生み出す唯一の道は自分を完全に受け入れ、自分や他人を裁くことをやめたときです。あなたは自分を裁くのと同じく人を裁きます。あなたは人を裁くのと同じく自分を裁きます。しかし、あなたの中にはとても素晴らしい力、天恵、愛、そして光と栄光があるのです。

神の栄光はすべての宗教にあり、どれ一つとっても悪い宗教などありません。あなたは他の宗教も受け入れることができるほど、自分の中が「十分に」満たされていますか？　あなたは他人を受け入れられるようになるために真我を十分に受け入れる準備はできていますか？　すべての人は受け入れられ、愛されることを切望しているのです。

このような状況の中で、なぜ地球上に病気が次々と大量に発生しているのか、よく理解する必要があります。病気が存在するのは、あなたのサトル・ボディ*たちが調和していないからです。あなたのエネルギーが調和していないので肉体が調和できない、そしてそれは、あなたが愛されていると感じていないからです。私はこの瞬間、この栄光の祝福された瞬間、あなたを愛することができます。私はあなたを愛しているのですが、あなたは愛されていると感じないかもしれません。それはまた、違う課題になります。

私たちは皆、恐怖か愛に生きています。恐怖の中に生きると、あなたは自分の細胞やＤＮＡを収縮させます。そして、あなたは自分の中のすべてを収縮させます。しかし、あなたが愛に生きるとき、あなたは拡大しています。どちらを選択するかはあなた次第です。

すでにスピリチュアルな道を歩む人たち、またはスピリチュアルな道のりにいる人たちは、自分のカルマ[1]を変容できるということを理解することが重要です。あなたは自分の人生や自分自身を変えることができるのです。他の人に頼ってはいけません。他の人にこれらのことを、あなたのために選択してもらうことを期待してはいけません。地球という惑星に、そしてこの文明にあなたが置かれた理由が確かにあるのです。この自由意志の世界で自分自身が選択をしないと、他に選んでくれる人は誰もいないのです。

第14章 真我の永遠の性質

真我は真理、知恵、知識であり、
時空を超え、無限で自由です。
真我はすべてに光を照らします。

普遍的意識*は発見されるのを待っている

死は人間という存在の唯一の共通した事実、それはごく日常の事実ですが、あなた方のほとんどは死と対面するための準備をするどころかそれを無視し、考えることを避けようとしています。死について聞く耳を持たない人さえいます。あなた方は例外なく自分自身や愛する人たちの肉体の死を経験することになります。ほとんどの人は、それが人生の終りだと考えています。それは肉体の終りかもしれませんが意識の終りでないことは確かです。死は人生の知識や人生の知恵として、あなたの人生の経験の中にまだ統合されていません。

死は存在しません。あなたの存在は生や「死」の体験を超えたものです。あなたは永遠です。死に対して恐怖を抱くのは知識不足と無知が原因です。あなた方のほとんどは、自分を肉体として見ていますがそれは偽りです。あなたは役を演じているだけなのです。衣装を変えるだけです。それが肉体なのです。それは意識の遊びです。あなたは自分が誰であるか**真の**姿を知って生きると、すべての恐怖心が消え去ります。

あなたの中には発見されるのを待っている自由な意識[1]があります。内省は、自分が偽りの世界に暮らしていることに気づかせてくれます。虚偽や二元性についての無知から抜け出して、初めて真の知識を体験することになります。自分が誰であるかに気づいて、初めて肉体が滅びたり殺されたりすることがあっても自分に内在する永遠なるものは生死のない純粋意識であり、不滅であることが分かるのです。これは自分の不滅の部分、自分の魂なのです。内省、沈黙、瞑想、サダナ*（スピリチュアルな修行）は、恐怖に根差した非常に深い偽りの世界から自分を解放してくれ、人生の、不死の体験に導いてくれます。

あなた方の中で死を「見る」ことのできる人たちは、その（透視）能力をサダナに生かすことができます――肉体が墓に横たわり塵《ちり》になるのを、あるいは火葬されるのを見てください。その人はとても裕福で、とてもわがままだったかもしれません。死はその人のすべての財産を取り上げてしまいます。なぜなら地球を去るとき、物質はここに残るからです。神と一緒になるとき、あなたは一人で裸なのです。

多くの人は神と一緒になること、神と会うことを恐れますが、死という体験はとても平和なものとなりえます。眠りについて、すっかり楽になってしまうのと同じです。毎晩、何百日も眠るとします。そしてある日、いつもと違う形で起きるとします。恐怖心さえなければ、それを美しい体験とすることができます。

肉体という包みから解放される人のために喜んであげてください。それが意味するものは愛そして自由であり、痛みや喜び、善と悪といった二元性からの解放です。真我である魂や高次元の自己は死にません。神の聖なる名をチャント*しながら、聖典を読みながら、あるいは聖なる瞬間を喚起しながら、この次元をやすらかに去ることができます。

死の体験は次のようなものです。良い行いをしていれば、あなたはやすらかに死を迎えることができます。死の瞬間には財産や地位、配偶者、所有物などといったものは、いくらあっても意味がありません。すべての人が物質的な所有物を持たずにこの世界を去ります。その瞬間、世俗的な財産には何の意味もなく、意味があるのは**内面**の財産だけです。聖なる財産があなたを聖なるものに導いてくれます。どのように自分の人生を過ごしたかによって、次の二つの道のうちの一つを体験することになります。一つは光、美、喜び、充足感、そして聖なるものと融合することにつながる道。もう一つは光がなく恐怖に基づいたところへ通じる道です。

体は畑のようであり、どんな種でも植えれば、いずれ刈り取ることになります。あなたは自分の行動の結果を刈り取るのです。最後の肉体の旅のために準備してください。もし解放と自由を選ぶのであれば、常に意識を保ち、絶えず神と愛に献身してください。

すべての病は虚偽である

私には癌《がん》のような病を持つ人びとに対してアドバイスすることはありません。私が言えることは、肉体の病気や肉体の不調が現われたとき、すべての病は恐怖心、嘘や偽り、「非・真実」に関係があるということを理解し、あなたは勇気と冷静さ、信じる心と愛をもってそれに直面する必要があります。細胞はもともと光であり、光は真理なので、それらはシフトして聖なる光と天恵《グレース》の中へ戻っていく必要があります。あなたの細胞は死や病ではなく光と素晴らしい体験をするためにあります。

肉体にとって一番の勝利は完璧な健康です。あなたのあらゆる存在の根源である「わたしはありてあるもの」の存在から力を得てください。それはあなたのすべてのサトル・ボディに完全な聖なる力が宿るということを意味します。サトル・ボディが強くなるほど健康になります。それによってサトル・ボディは病気を拒絶し、病の勢力を拒絶します。あなたが自分の肉体に乱れを発見したり感じたりする以前に、それはサトル・ボディに現われてきます。光への信頼をもとに、細胞に働きかけることによって癒しが創造されます。そして真理と最高の調和がこれらの細胞に戻ってきます。すべての病気は虚偽です。

あなたは生きる術《すべ》について考えているでしょうか。その領域についての期待は何ですか？　あなたの中にはとてつもない力が潜んでいます。その力を信頼してください。それは神自身です。あなたは生活の中で静かに振り返る時間を多少なりとも持っているでしょうか。それとも、いつも「忙しく」していますか？　あなたは自分の中の聖なるものをしっかりと体験する覚悟はありますか？

すべての病気[2]は本質的に虚偽であることを忘れないでください。肉体にとってそれは自然な状態ではありません。自分の中の信仰を感じて、それを使ってください。そして自分の体が送っているメッセージを聞いてください。宇宙はあなたに何を伝えているのでしょうか。

真我は平和と喜びとして存在する

どのように真我について話せばよいでしょう。真我の本質は謎めいていて、あまりにも精妙で宇宙全体で最も精妙です。真我は形がありながら形がありません。名前などないのに名前が与えられています。真我は純粋意識で生命力であり、至福であり、全能であり、遍在しています。真我は真理であり、知恵であり、知識であり、それは無限で自由であり、時空を超えています。真我はすべてに光を照らします。話すとのできないことについて話すのは少しおかしな感じです。真我は神の最も強力なメッセージとして体験されるべきです。真我は言葉で語られる経験すべてをも超えています。

この高次元の自己の喜び（至福）は、絶えず新鮮です。真我の笑いは五感の喜びとは完全に異なります。日常の幸せを五感に頼るあなた方は、幸せを求めて一つの対象から次へと、新しい物、新しいあれこれに飛びつきます。しかし、真我の場合は「新しさ」そのものを手に入れています。真我は最も高次で、最も満ち足りた状態であなたの中に存在しています。真我はあなたの人生の体験の基盤です。それは平和、喜び、愛、そして真理です。グルの天恵、そして真我の天恵によって姿を明かしてくれます。

あなたが「浄化」されていくと真我が現われます。それはどこでも、いつでも、いかなる状況においてでも、たとえ疲れていても、危機の真っ只中でも可能です。真我は光です。真我は沈黙です。真我はすべてです。真我は目撃者です。真我は観察者です。真我はすべてを支えていますが巻き込まれず、執着しません。真我はすべてを**体験**しながら、それでも何にも執着しません。真我は勝利です。真我は栄光です。真我より偉大な「何か」はありません。……**そして、あなたはその真我なのです。**

第15章 悟りとは何でしょう?

自分というものが単に意識だけであると理解すると、
「何も」することはなく、解放を追求することもなく、
脱するべき「無知」もなく、カルマもなく、
自分や個人的な責任もなく、なるべき姿は「何も」ない。
ただありのままでいると、それはそれ自身で開花される。

理性や論理には、もはや意味がない

悟り*はあまりにも単純で言葉では簡単に説明できません。それは社会的な法則や自己像、理想がもう存在しない自由な状態のようなものです。簡単な言葉で言うと、あなたは他人があなたについてどう思うか、もはや気にならなくなります。それはいっさい恐怖心のない自由です。その状態にとどまるためには、自分は肉体ではなく高次元の自己であると意識して肉体を機能させ、管理しているのだと気づかなくてはなりません。あなたは高次元の自己であり、見守る意識であり、肉体であり、マインドや五感の制約を受けることなく完全に自由です。

あなたが「肉体」または「物体」に対して抱く執着心について、すでに理解しているとします。自分が肉体と同一であるという概念を超えた瞬間、あなたは自由になります。あなたは意識そのものであり、あらゆるところ、あらゆるものの中の意識になれるのです。それは**実在**がそこにあるのです。あなたは光、愛、真理、神であり、根源なのです。すべては意識です。個人として思考しているときは二元性の世界にいます。その意識の状態に暮らしている限り、解放は不可能です。ワンネス（一なるもの）は不可能です。これらの言葉や私を信頼しているなら、自分の中に矛盾を感じることなくそれを理解できるでしょう。そして矛盾や疑問、二元性や混乱の背後にあるのは必ず低次元の自己であり、それは高次元の自己では**ありえません**。それを分かってください。

悟りは学校で培われる論理とはまったく接点がなく、精神（メンタル）体とも接点がありません。理性や論理には、もう意味がなくなります。信仰に生きることです。信仰があなたの内面に、より多くの力をもたらしてくれます。信仰は特にサダナにおいて必要です。あなたは言葉では説明できない状態を、体の中にいる間に体験するからです。それは**融合**です。

私は何度も言っています。「悟りへの願望さえ捨てなさい。なぜなら、その願望が大きな障害になるからです」。それはあなたの魂とあなたの間、**あなた**とあなたの間に立つ仕切りのようなものです。悟りを得るためには、喜びと誠実な気持が必要不可欠です。心得てください。相手を許すことを拒めば、あなたは荷を背負うことになります。それは束縛であり、非解放的です。許すということをしなければ、自分が解放されるために不可欠な喜びの状態に入れません。自分自身が幸せである必要があります。幸せは喜びへの一歩です。許せないということは、何かの欲望に固執しているということです。欲望は高次元の自己の真実、人生の真理や真の感情というものを体験することを妨害します。

許すことが難しいとき、自分の中に裁きと対立、正義と不正というものがあります。無知のせいで相手を裁き、相手が許せないのです。忘れないでください。あなたは自分の世界をつくり上げています。あなたは自分の世界とそして対立と混乱をつくり上げています。それは誠実さや真理の欠如によってマインドがつくった概念や思考により生み出しているのです。無知というのは人のマインドによってつくられた概念です。

あなたのマインドは二元論的であり、あなたの真の姿からあなたを分離させています。どうしてこのマインドを信頼できるでしょう。たとえば、私にとって「あなたを愛している」という言葉を発するのは変なのです。なぜなら、「私」と「あなた」と言うと二人いることになり、本当は一つの自己、私たちの自己しかないのです。あなたの中にある自己と私の中にある自己は同一です。本来は一つなる存在[1]なのです。

いつもワークショップで説明するように、あなた方は行動する人ではありません。あなたは実際、「何でもない」のです。あなたは自分というものが意識であるということが分かるようになると、あなたは単に目撃者なのです。目撃者であることにより、あなたは解放され自由となるのです。神聖な輝きであるあなたに内在する聖なるものと踊ってみてはどうでしょうか。

さあ、この無知という感覚はどこから生じるのでしょうか。それは簡単です。あなたが自分は肉体であるとか、マインド、いや、五感であると考えているので生じるのです。なぜ、肉体に執着するのでしょう。それは単に愛がないからです。そこにはただ執着があり、それが束縛なのです。愛は自由です。

あなたは何かを創造することができ、調和を創造するとしましょう。しかし、**真の愛の気持ち**は創造不可能です。なぜなら、そのような魂と魂の相互関係は、あなたのマインドの領域外にあるからです。考えや知的な創造の中に永続する真理はありません。あなたの思考が何分もつか考えてみてください。それらが不変であるかどうか分かるはずです。そうして自分が聖なる**真理**であることに気づいてください。

「わたしはありてあるもの」という真理を定着させる

人が自分の真理や自分の（真の）気持ちを話すことを妨害しているものは何でしょう。自分に問いかけてください。「もし自分自身に誠実でなかったり、正直でなかったとしたら、自分と健全な関係を持つことは可能なのだろうか?」。もしそういう状態であるなら、他人と健全な関係を持つのも不可能でしょう。

自分を偽っているとしたら、当然、命の法は不快、収縮、混乱、欺瞞をつくり出すでしょう。しかし、その同じ命の法は拡大や喜びの流れとともに、そしてその流れの中に生きるとすれば、やすらぎと内面の自由を創造してくれます(この〈命〉という言葉にキリストがどれほどのシャクティを注ぎ込んだことでしょう)。「あらゆる存在の根源である〈わたしはありてあるもの〉は内なる自己である」という感覚が、やっとあなたの日常の生活のものになり、「わたしはありてあるもの」自身を満たされた状態として体験することになります。

あなたが一歩ずつ悟りに入っていくと、恐怖心から九〇パーセント抜け出し、残りの一〇パーセントが強い恐怖心、それも極度に強い恐怖心が残っているという状況に達します。あなたのエゴは、自分が消されるのをあまりにも恐れて、「新しい」、しかし馴染みあるパターンを繰り出して、あなたに偽りの安心感を与えるのです。これは自分を否定するもう一つのまやかしの方法です。

あなたのエゴは、何を持ってくればあなたの焦点をシフトさせることができるか、自由を拘束に変える方法や、その境界線を移す方法を知っています。エゴは長いこと優秀でした。あなたがそれに力を与えたせいでそれは力を持ち、あなたを操作します。エゴはあなたを操り、自分の目を通して物事を見せ、思い通りの暮らしや体験をさせています。そしてあなたは罠にはまり、いつもの同じ古いパターンを繰り返すのです。

ある人が病気になり、抗生剤を処方されて飲んでいたのですが、全部を飲み切る前に三日間でいいと感じたので薬をやめてしまい具合が悪くなりました。まだ菌が全滅せず、強いものが残っているからだと、私は彼に説明しました。菌の方が**勝って**いたのです。**エゴ**と**人格**の関係にも同じ真理が当てはまります。

ババ*（サイ・ババ）は、誰も彼のところに真理を聞きに来ないと言います。皆が来る理由は束縛なのです。執着、信念体系や低次元の自己と自分を同一にしてしまうところに生じる束縛です。本当のグルは自分の生徒の痛みや苦しみについて心配し、**いつでも**それぞれの生徒の現世の状態を浄化する用意があります。これは**愛**です。それぞれの人は、自分がエゴに根付いた人格、または肉体と同一だと思っていてもグルはすべての人が、実際は**高次元の自己**であるということを知っています。グルは理性、信念体系、理想、理屈によってがんじがらめになっている人間ではなく、生徒の光や美しさ、意識を見ているのです。もちろん、社会もあなたの人格や自己イメージに深く影響を及ぼしています。

神性なる人生、完全に神聖な人生を生きようとするとき、マインドや社会が創造した自己イメージは存続不可能です。人生を見る視野は、もはや社会的ではなくなります。それは聖なるものが見る通りになり、無知から、そして幻想から解放された人生となるのです。それは知識、既知の状態、真理、光です。それは**悟りをもたらすものです。**

人を裁くようにあなたを動かしている欲望たちがあなたを縛っています。他人を裁くとき、あなたは自分をも裁いています。相手を裁いていながら、どうして自分の解放を体験できるでしょうか。それは不可能です。あなたが力を与えているマインドが恐怖を持ち込み、独自の世界を創造しています。マインドは危険を感じると瞬時にして独自の「正しい」、「正しくない」という評価を始めます。こうして人を裁きます。これらの判定により、マインドは何をしているでしょう。それは自己防衛です。自分を正当化し、自己防衛を始め、自分が「正しい」と考えていることに対して快く感じるための合理的な理由、または幸せに「感じる」ための合理的な考えや概念を挙げていくのです。

マインドはハートを支配する頭脳に力を与え、あなたを自分の真の感情から分離させています。あなたの魂はあなたに真実を語りますが、マインドは恐怖心のためにあなたを高次元の自己から分離させます。恐怖心があなたの人生の体験を導いています。あなたが高次元の自己の豊かさに生きることを望むなら、あなたの人生に「今」の瞬間という贈り物がなくてはなりません。「今」には始まりも終わりもなく「常に」永遠です。その満ちた瞬間には恐怖心はありません。しかし他人や自分を裁きはじめると、その拡大していく流れを止めてしまうことになります。

自然な収縮や居心地の悪さ、非解放的な状態が生まれ、その中であなたは自分を傷つける可能性があります。否定することを選んだとき、それを正当化するのは簡単です。その場合、裁きも生じます。裁くことから正当化の操作が始まりますが、すべては恐怖心に根差しています。マインドは自分を、そしてマインド対ハートという二元性を守る必要があるからです。あなたは何年もの間、「何が問題なのだろう？」と考えてきたのでしょうか。その間に何年も過ぎ去り、あなたはまだ自分を発見していません。

自由になるためには勇気を持たなくてはいけません。あなたの魂はあなたが成長し、大人になり、そして「なるべきあなたになる」ために、あなたの歩む道に何を置けばいいか知っています。あなた自身になるために、自由になるために、拡大するために、そしてあなたの高次元の自己の声を聞くためにです。初心者のように感じるかもしれません。また何回も同じところを読むとします。そしてある瞬間、何かが「カチッ」とはまり、あなたは悟りを開きます。

したがって真理とは、何度も何度も繰り返し聞くものなのです。あなたには、何度も繰り返すことが他にありますか？　あなたが理解できるまで何回も真理を実践してください。真我の光が容易に差し込めるように知性を洗練させなさい。再び読み、再び聞きなさい。こういった繰り返しは人生の儀式の一部です。

たとえば、私は日の出を見ます。それも繰り返し毎回同じように見えますが、一度たりとも同じエネルギーではありません。真理は一瞬に体験できるものです。真理とはこのようなものです。あなたは完全に完璧です。無限であり、永遠であり、創造主と創造物のすべての資質を持っています。

したがって、知性が明断であると悟りが起きます。なぜなら、その明るさや光を止める障害がないからです。この聖なるもの、この聖なる光が輝き、あなたの知性、五感や肉体を通してその自由とそれ自身を表現することをブロックするものが何もないのです。至高の存在への道をどのように進むのでしょうか。どうしたら道を切り拓《ひら》けるのでしょう。「良い」、そして「プラス」の想念や行動を通してです。あなたを破滅させていたあなたの創造物をすべて自分のエネルギーの場から「非・創造」するのです。

悟りを得るために自己修養が必要です。練習はいりません。それは一瞬にして起きます。スピリチュアルな道も必要ありませんし、目標もいりません。悟りに対してあなたがつくり出した考えは、すべて手放して結構です。それらは**考え**です。断食を通しての悟りについて、私の意見を求めるファックスが届きました。マインドの断食をしてください。私が先生だとしたら、私の教えは断食を必要としません。この教えはあまりにもシンプルで教えなどありません。ただ思い出せばいいのです。もちろん食べることを減らせば、あなたの肉体は軽快になり、知性も軽快になります。特に食べ過ぎてしまう西洋においてはそうでしょう。

自分というものが単に意識だけであるということを理解すると「何も」することはなく、解放を追求することもなく、脱すべき「無知」もなく、カルマ*もなく、自分自身や個人的な責任もなく、なるべき姿は「何も」ないのです。ただありのままでいると、悟りはそれ自身で開花していきます。あなたが理解できるように、私は「開花」と書きます。しかし、すべてはすでに開花しているのです。それを理解するのを邪魔しているのは何でしょうか。実は、その本質は意識でもあるのですが、それはマインドです。マインドにそれ自身が意識であると教え込み、訓練し、思い出させているのです。

あなたの中心はどこですか？　すべてのもの、すべてのところには中心があります。あなたの**中心**はどこですか？　中心を見つけたら、すぐにマインドをそこに持っていき、そこに自分の五感を持っていってください。あなたがこの中心にいる瞬間、あなたはすべてであり、あなたの個人的な事柄という感覚は「すべて消えます」。あなたの所有するものはもはや何もなく、あなたはすべてが**自分の中に**あることに気づきます。

第16章 神に自分をゆだねるとき

宇宙全体に神の愛が顕在しないところはなく、
その聖なる蜜《ネクター》を味わえないところはない。

ハートの開くままに

あなた方のハートの睡蓮《すいれん》の中に、神は宇宙の宝物を置かれました。深い愛をもってその知識を求めてください。その聖なるものを求めて、信念をもって、神の住処《すみか》に入るのです。そこにはあなたが経験できるように聖なる光が燃えています。その光と融合するためには、天恵《グレース》を呼び込んでください。天恵と愛を求めてください。その天恵にすべてを捧げてください。そうすると、あなた方一人ひとりが聖なる愛へと引き寄せられます。

あなたは神から生まれました。あなたは体験のために分離することを選びましたが、あなたのハートはもう落ち着かなくなっているので、再び聖なるものに身を休めることができるように天恵を求めてください。唯一、聖なる愛の中にのみ、あなたは平和、喜びと至福を見出すことができるでしょう。神は自分の中に内在する存在なのだと心から信じることです。

神を愛することにあなた自身を捧げてください。最高の献身的な愛へとあなたの心を開いてください。謙虚に天恵を求め、謙虚に自分の存在を神に捧げて神を愛する人になってください。弟子になるためには五感を変容し、マインドを明晰にするための修行が必要です。その時点から、あなたのハートはさらにより大きく開かれるでしょう。

あなたのハートが開いたとたんに神への目覚めの道が自ら現われます。五感の主人となりはじめると、あなたの反応は聖なるものへとシフトしはじめます。神への十分な献身的な愛がハートに満ちている状態です。そこでハートが開くのをただ見守ってください。献身的な愛をもってゆだねることです。自分のすべてを聖なるものに、深い愛情をもって献身してください。神への最高の贈り物は、無私の愛をもって献身することです。

献身のもたらす勝利と栄光は絶えることがありません。あなたは神に計り知れないほど愛されています。神が何かに不足することはありえません。神は絶えず与えます。この献身的な愛があなたのハートの聖なる寺院からすべての細胞へ流れ、全身を寺院に変容するように任せなさい。純粋な想念をもって生きること、純粋に生きることは献身的な愛を増加させます。天恵の涙によりハートが開くとき、絶対存在との関係が体験されます。それは絶え間ない解放感であり、二元性から非二元性への移行を意味します。

この時期、地球にいられるのは、私たちにとってなんという祝福でしょう。この一体感の中で皆と一緒にこの祝福された、最も高次の輝かしい生命を体験するのです。これは神の創造における栄光です。すべてがシャクティ[*]（スピリチュアルなエネルギー）です。神が献身的な愛を私たちのために創造してくれたのですから、それを神に捧げましょう。あなたのハートの天恵と神の天恵が一つに融合されたとき、あなたは聖なるものを体験するでしょう。献身的な愛は聖なるものへの王道であり、いちばん楽な道でもあります。献身的な愛を通してあなたの中にある神聖な力が明かされます。これは聖なるものからの宝物です。

神がすべてのところに遍在しているのを見てください。神を味わい、神の香りを嗅ぎ、手で神に触れてください。これらはあなたの体験となります。聖なる愛は不変です。それは神聖です。それはそれです。愛はそれ自体が完結している体験です。

この献身的な愛を心から求めることです。この愛を心から求めるのです。そうすることによって、あなたはそれを体験するということを約束します。無知は去り、あなたには変化が訪れ、あなたの細胞たちは、その心からの願望に反応するでしょう。内在する神聖な存在を呼び起こし、あなたの中に内在するキリスト意識[*]と、汚れを知らない愛を呼び起こすのです。この関係を神とつくるのです。神聖になり、神を愛する人になり、あなたの息をすべての聖なるものへ捧げなさい。

あなたの真なる本質とこの行為のもたらす果実は、あなたの期待を超えたものです。一度、この生命への意識[*]を実践すると、すべての瞬間が愛を、光を放射するようになるでしょう。そうすれば、人格の出る場は徐々に減少していきます。グルはあなたの変化、あなたの意識の変化を見て喜ぶことでしょう。

神聖なる愛を体験するためにはハートが開くように任せ、そのハートすべてを聖なるものにゆだねるの[1]です。何も出し惜しみしてはなりません。ゆだねるのです。聖なるもの永遠の法は愛ですので、その法に自分を捧げてください。その純粋さ、その栄光に。

生命すべてを受け入れることは献身的な愛に任せることであり、それはこの瞬間、貴重な「今」を分かち合うことを意味します。神の愛が具現化されていないところ、神の蜜を味わえないところは宇宙全体のどこにもありません。最初、神はあなただけのものだと感じるかもしれません。それはそれでいいのです。そのように融合してゆだねるのです。

今まで経験したことのないような愛を経験するでしょう。純粋なハートを経験することは祝福です。それは神聖なる天恵であり、サダナの実りです。他人の中に自分を見つけてください。他の人たちがあなたの神聖な愛によって祝福されるように、自分のハートを愛で満たしてください。神聖なる愛の美しいところは、それがどんどん広がるというところです。至福は理由なく体験されます。満たされている自分の存在が体験され、内在神が正面に現われてきますが、あなたが何かをしているわけではありません。あなたは、ただ「存在している」だけなのです。それからあなたは行動し、聖なる真理を話します。

これらすべてにおいて神は神を体験しているのです。エクスタシー、愛、光と聖なるものを体験するためにあなたは、あなたのハートは素直で純粋でなくてはいけません。神が天恵を与えられるように。純粋なハートは謙虚なハートであり、神に自分をゆだねたハートなのです。

神を愛するということは、すべての生きものを愛するということです。神はすべてを通して自分を具現化しています。創造主である神は、自分を創造物として具現化しているので、私たちが神を愛するということは、神の創造物を愛することになります。愛は魔法です。神は魔法。ハートは魔法です。私たちは一緒にすべてのために奉仕して、最高の目的に仕えましょう。奉仕することは、最も高次なプージャ*（儀式としての崇拝）です。ある人たちは偶像を崇拝して人間を非常にひどく扱います。どこに愛があると言えるのでしょう。あなたは生きたキリストであり、生きた神であり、**人間性そのものです。**

あなたの聖なるハートは光で満ちています。そしてこの光はあなたの面倒をみてくれます。この光に自分をゆだね、この光が自分の体全体に、意識あるマインドに、潜在意識に、そして無意識に注ぎ込まれるようにしてください。ゆだねてください。この光、この神聖な意識、この神聖な喜びと神聖な平和、そして愛の勝利、生命の栄光に。

この愛を通して、あなたは人生の豊かさを体験するでしょう。鳥が生き生きと歌をさえずるのを聞いているのは神です。私たちはなんと祝福されていることでしょう。自分を神に捧げることにより、あなたは神の豊かさを体験することができます。愛は最高の波動であり、最高のエネルギーです。聖なるものへの愛にはすべての力と美徳が含まれています。

神とは愛、愛とは神です。神の天恵があなたの中に注がれています。あなた方全員、神につながることが可能です。神の愛は、あなた方すべてのためにあります。あなたにはそれを体験する意志がありますか？　あなたは何を選択するのでしょう。あなたは何に自分を貢献させるのでしょう。そして二元性の人生の利点はどこにあるでしょう。この世俗的な人生があなたに与えてくれているのは何であるか考えてみてください。あなたは誰ですか？　そして、なぜここにいるのですか？

愛《いと》しい人たちよ、聖なる愛を体験するには近道がないということを知ってください。身をゆだねる、献身、愛――これらはすべて鍵ですが、それ以上のものではありません。すべてがハートの中にあります。

神はあなたの最も身近な恋人であり、別れを告げることなく常にそばにいてくれ、注意をあなたに向け、最高なものを与えてくれています。どうぞ自分の奥深いところへ入ってください。神が自分の中にいて聖なる天恵をあなたが受け止めてくれるのを待っていることを感じてください。気づいてください。あなたの本質は神聖なものです。あなたの本質は優しさです。愛があなたのマインドを内側に向かわせ、そしてあなたが心の静けさ、自分の聖なる光を体験できるようにしてくれるのです。

第17章 セヴァの栄光

あなたの歩む場所すべてを愛の場、
そして奉仕の場にしてください。
これは私心のない奉仕、セヴァ*であり、
バクティ*の場であり、変容の場であります。

あなたの真の目的を具現化する

これは自分の魂*に奉仕し、自分の魂を感じて、自分に対して奉仕することにより、他人に対してより奉仕することができる黄金の機会です。セヴァの体験は自分の聖なるものを体験することです。それは小さな自己から、高次元の自己（ハイアー・セルフ）への旅です。この次元で転生したあなたに与えられたきわめて重要なものです。

セヴァとは奉仕、活動としての奉仕であり、活動としての天恵《グレース》です。セヴァは、行動に生かされる知識、献身的な愛を通した奉仕、活動している意志です。最も高次の目的のために喚起され、それは崇拝そのものです。セヴァは聖なる名前をチャントすること。セヴァはそれぞれの内在神を喜ばせること。セヴァは天恵。セヴァは瞑想*。セヴァは自分の本質であり、主の最も至高なる栄光です。愛、熱意、喜びとともに見返りを求めないセヴァは、最も深遠なスピリチュアルな修養となります。天恵と愛の輝きをすべての行動から輝かせるようにすることで、あなたは自分の目標を具現化しています。

セヴァが実践されると見返りの期待のない愛が実践されます。自分のハートと奉仕活動を私心なく提供してください。セヴァはスピリチュアルな修養です。セヴァはあなたにハートを開き続け、そしてマインド〈訳注＝〈意識・思考・意志・感情の座としての〉心。精神〉の焦点を人生の目標に合わせ続けることを思い出させてくれます。あなたが愛の中に、聖なるものの中に生き、そしてお互いの中に聖なるものを見出すことを支えてくれる道具です。この自分への贈り物があなたの修養の中で最も大きな宝物なのかもしれません。

高次元の自己を全面的に信頼して、真理と神を全面的に信頼して生きるのです。**自分の中に**この偉大さを体験してください。

この内的な完璧さに向かう旅の間、あなたは注意深く、優しくマインドに接近してください。なぜなら、あなたの目的はマインドの主人となることなのです。マインドの根源は神です。修行に飛び込み、自らの変容を体験してください。真我を抱きしめてください。内在する光、内在神を体験してください。内的な目覚めとスピリチュアルな開花、この内的な目覚めと天恵は探求者を導き、発見者にしてくれます。この天恵は「思い出すこと」が本質です。知識、理解、体験、身をゆだねることと献身は、スピリチュアルな成長と開花の聖なる要素です。

あなたがどこに行こうとスピリチュアルな力と愛は存在します。あなたが何を体験しても、それは主とシャクティ[1]の住処《すみか》であり、聖なるものが絶えずその存在をあなたに明かしてくれる、あなたの至高なるハートを知ることに導いてくれます。

これはあなたのハートを再びリフレッシュし、深い瞑想の状態に到達させ、意識的に内面の知恵を拡大し、人生の目的を達成する機会です。そして愛することを可能とする機会なのです。

神への奉仕としてのセヴァ

自然はなんと私たちに献身的なのでしょうか。空は素晴らしい紫とピンクです。どの季節も魔法のようにその宝物を明かすとき、それ自身の栄光があります。深い献身の姿勢で、自然はその美と無私無欲な奉仕の出合いの場において、その謙虚な例を見せてくれます。これは聖なる天恵の中で繰り返す愛の力であり、歓迎の力です。

あなたが自分の行いのすべてを愛するとき、変容は保証されます。やってみてください、そして体験してみてください。行くところすべてを愛の場、奉仕の場にしてください。これは無私無欲の奉仕、セヴァであり、バクティ*（探求者の献身的な愛）の場であり、変容の場です。

これらの修業は喜びと至福の根源です。これらから人生はその栄光をあなた方それぞれに明かし、内的な変容が起きます。すべての呼吸は、あなたをあなたの存在の最も高い可能性に導くように計画されています。瞬間瞬間を十分に歓迎することは神を、聖なるものを歓迎することです。

真の歓迎は相手の良いところが解放されることを許します。それは彼らのハートから愛が外に出ること、彼らの光が輝き出ることを可能とします。あなたが他の人びとを支える手伝いで忙しいとき、神はあなたを助け、支えることで忙しいのです。セヴァは無私無欲の奉仕であり、神への奉仕です。見返りのご褒美を待たずに奉仕することが至高なる存在にとって大事であると同時に、セヴァにおける純粋なハートも至高なる存在にとって大事なのです。

奉仕の目的は、あなたの真理と融合してその中に入りたいという望みを満たすことです。グル*があなたにセヴァを渡すとき、よく起きることは、あなたのサムスカラ*（マインドに貯蔵されている過去の体験）が変容され、カルマが浄化されるのです。セヴァはグルの与える実です。愛とセヴァが聖なる愛の内在的な世界へと至る道であるとすると、天恵は神の住処である聖なるハートに勢いよく流れ込みます。ですから、あなたが献身の純粋さをもって奉仕すると、あなたは神やグルに近づくことになります。そうなると、あなたは恐怖心なしに生き、天恵の絶え間ないシャワーがあなたに注ぎ、潮のない大洋があなたに注ぎ込まれるのです。

法王ダライ・ラマとナラム博士とともに。

第18章 平和となるために

私たちが皆、平和を選べば、
この素晴らしい惑星地球に
すぐにでも平和がもたらされるでしょう。

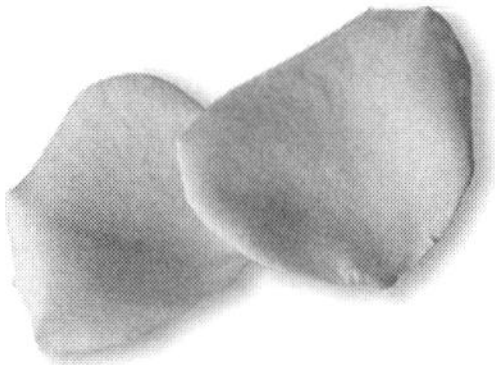

静寂によって平和は自らの姿を現わす

すべての人の中に平和というものがあります。平和は真我*であり、すべては真我なので、すべてが平和なのです。平和を実践してください。平和のサダナを、平和というスピリチュアルな修養を。至高の平和を持つことは、あなたの生得の権利です。あなたは高次元の自己から平和を受け継いだので平和はあなたの中にあります。

今朝、私の愛する一人が、「今日、ここはとても平和ですね」と言いました。それは気づきです。愛があると平和もあるのです。ほとんどの人は平和を体験するために教会やモスクや寺院に行き、ダルシャン*（祝福）や瞑想を行ったりします。平和は愛の特質の一つです。それはあなたの聖なるハートから自然に発生し、あなたの存在全体によって表現されます。そして、それは努力することなく自ら広がっていくのです。

他の人たちもあなたのように、その平和を体験できるはずです。平和はあなたの心の中にあるので他のところを探さないでください。平和な環境にいるとあなたは平和に感じるかもしれませんが、それは長く続きません。しかし、内在する平和はあなたのものであり、誰も奪い去ることができません。この内在する平和は、罪悪感や自分に価値がないという気持ちなどを変化させます。この平和の状態はあなたの中にあり、あなた以外の人に代わりにつくってもらうことはできません。それは内側から生まれるものなのです。神、根源*に対しての愛があると、すべての瞬間に平和を体験できます。平和は愛の天恵《グレース》*、ハートの天恵なのです。

あなたは瞑想をしているとき、一瞬でも光や真我を体験したなら、何時間も何日も平和であることに気づいていますか？　あなたの良い行いは、平和の特質をあなたのハートから表面まで持ってきて人格に味を添えます。この平和について気づきが増えるほど、あなたはそれを引きつけることになります。これもまた天恵[1]です。この聖なる天恵、この内在する平和はあなたの人生の体験を地獄から天国へと変容させます。それはあなたのいちばん自然な状態です。

このようにあなたは自分を自由にすることができます。この自由、この平和の中であなたは聖なる愛に酔いしれるでしょう。神の愛、そして神の存在の中に自分が生きているという気づきとともに、あなたは神の存在を、呼吸と一緒に吸い込みます。意識をもってこのエネルギーをあなたのマインドの意識、潜在意識と無意識の中に定着させ、拡大していってください。ここで述べたい教えは次のことです。**私たちがみな平和を選べば、この素晴らしい惑星地球にすぐに平和がもたらされるでしょう。**

しかし、何人の人が地球のために平和を選択しているのでしょうか。何年も瞑想をしているあなた方は平和に満たされているのでしょうか。昨年、ヒマラヤに行っていたあなた方の一人が言いました。「サイ・マー*、私はサドゥー*（すべての所有物を捨てたインドの修行僧）だったらいいのにと思います」。「誰でもサドゥーにはなれますよ」と私は答えました。「なぜ、なりたいのですか?」と聞きました。答えは平和に生きるためにでした。平和に生きるためにヒマラヤに住み、サドゥーになる必要などありません。家族と一緒に生活しながら、自分の職場で仕事の仲間と、社会の中で平和を築いてください。神に目覚めるために洞穴にこもらなくてはいけないと思わないでください。

平和はあなた方一人ひとりの中にあるのですが、あなたは自分の本質である平和として生きる用意ができていますか?　あなたは自分の本質である至高の平和を具現化する用意ができていますか?　準備はできているでしょうか。あなたの高次元の自己にはこの性質があります。あなたの高次元の自己はこの性質そのものなのです。それにつながってください。それに目覚めるためにあなたは二元性を超え、滅ぶものを超え、すべての裁きや抵抗を超える必要があります。

そして、あなたがサダナを誠実に実践していくと、あなたは平和を体験します。サダナは聖なるものの種です。あなたが真我を知ろうと決めれば、真我は間違いなく平和という聖なる特質をあなたに明らかにするでしょう。実践してください。それはあなたのところに来ます。平和はあなたの修行の成果です。

あなた方それぞれに平和と平静と静穏が内在しています。この内在する平和をお金を払って体験する必要はありません。いつでもそれはあなたの中にあるのです。じっとしてみてください。じっとして、その静寂の中で平和がその姿をあなたの前に現わしてくれるのを待ってください。

平和ではない性質はどこから来るのでしょう。それは分裂したマインド、二元性のマインド、つまり「二つ」にとらわれたマインド、そして分離のマインドから来ています。嫉妬や強欲、羨み、落ち着きの欠如は、みな二元性のマインドから生じます。そしてあなたのマインドはそういったときに苛立ちます。

さて、なぜあなたはその平和ではない状態に居続けるのですか？　平和が怖いからです。それは未知で、参考にできるものが何もない状態だからです。平和ではない状態がどんなにあなたを不安にしても、あなたは平和を選ぼうとしません。あなた方の多くは痛みと苦難の関係、戦いと恐怖の関係から出てきてダルシャンを受けにきたと思ったら、再び同様の新たな関係を求めていくのです。「サイ・マー、一人でいたくないのです。サイ・マー、どうやってパートナーやソウルメイトを探したらいいのでしょうか？」と私はよく聞かれます。あなたは気づきの欠如や未知に対する恐怖のために心がかき乱れ、不安になりながらも、実はそのようにもっと問題を求めてくるのです！

愛する人たちよ、未知のために場所を取っておいてください。未知なるものには素晴らしいものがあります。未知とは満ちあふれたものです。素晴らしいものです。平和はあなたの中にあります。あなた方全員の中にです。平和はあなたのパートナーになろう、仲間になろうと待っています。あなたは平和とともに歩き、食し、眠り、話をしますが、その素晴らしい存在自体に気づいていません。そしてその平和がもたらす勝利にも気づいていません。愛を育ててください。平和を育ててください。自分の存在を平和で満たし、平和を呼吸して気づきをもってください。

最初はある程度、努力をする必要があるでしょう。しかし時間が経つにつれてそれが自然体になります。あなたのグルや高次元の自己は、あなたが努力をしている姿を見たなら、天恵を瞬時に与えるでしょう。一歩を歩めば、千歩も報われることになります。

道を探求し、道と遊び、平和の道を歩んでください。私はどの瞬間でも、どこにいても、あなたに平和を見せることができます。その平和の中で、あなたは宇宙の広大さを体験するでしょう。

それなのに、なぜあなたは平和ではないのですか？　それは愛と信頼が欠けているからです。そして偽りの人格を手放し、それを失うことの恐怖心でもあります。あなたは平和になる用意ができていますか？　あなたは平和になれるだけ謙虚ですか？　それはあなたの人生の日常で起きることなのです。あなたは高次元の自己としての平和と向き合うことを選んだときのみ平和となることができます。

自分に問いかけてみてください。「平和でない状態に自分を導いているものは何なのだろう？」。特定の瞑想のとき、私はこう言います。「すべてを手放して純粋な意識で休んでください」。そうするとあなたは、自分が選択しているので平和になります。他の人があなたの代わりに選ぶことはできません。マインドの平和のための魔法の処方箋は、全身で神を愛することです。愛です。結果は魔法です。平和を選ぼうとするなら待たないでください。

マインドの平和を求めるとき、それが自分の中にあるということに気づいていてください。あなた方の多くは、平和ではない状態と不安が自分の外からやって来ると考えています。それは間違いです。それはあなたの人格から来ています。あなたが平和でないのは苦しみのせいであり、苦しみは欲望から、そして欲望はマインドから来るのです。

ですから、自分のマインドを聖なる想念やチャントにより、そしてマインドに光を迎え入れたりすることにより浄化してあげてください。あなたのハートから来る愛と天恵があなたに仕えようと常に待機しています。その修行はあなたの意識や気づきを確実に拡大し、あなたは平和だけに生きるようになります。その後、初めてあなたはその深遠な静寂、その平静と心の落ち着きを味わうことができるのです。

あなたのハートの純粋さがあなたを内なる平和に導くことができます。あなたの役に立たないものに力を与えるのはやめてください。あなたの高次元の自己、あなた自身の真我と、すべての資質を持った全宇宙があなたの中に存在しています。あなたは実に純粋で、優雅で、素晴らしい存在なのです。自分の力を引き出してください。光と愛を吸い込み、愛が最も偉大な力であることを忘れないでください。信念を持ち、拡大して、信じる心に生きてください。

いちばん高次な気づきまで登りつめてください。そうするとあなたは自由になります。自由と平和への障害は「私のもの、私の、私自身、私らしさ、私であること」などです。これらの執着をすべて手放せば、あなたは**平和そのもの**になります。そうするとあなたは自分の本質が愛であり、それがあなたを平和というもので満たしてくれている、ということを知るでしょう。

私はあなたが神に対して一心になることを求めます。そうするとあなたは平和になります。神を望み、神だけを求めると、平和があなたの一番のパートナーとなります。謙虚さ、無邪気さ、無垢の感情があなたの呼吸の性質になるのです。天恵があなたのあらゆる存在の根源である「わたしはありてあるもの」*の存在への愛を強化してくれるのを許してください。そうするとあなたは、最も崇高な聖なる平和を体験するでしょう。

そうです、平和はもうすでにあなたと同じようにあなたの中にあります。

第19章　聖なる意識の統合

あなたは光であり、
その光があるがままに光り輝くことを許してください。
あなたがどこにいても、
この光が活性化され放射されますように。

天恵はあなたの許可を待っている

あなた方一人ひとりの中にいる母を私は歓迎し、一人ひとりの中の父を歓迎し、一人ひとりの中のキリストを歓迎します。私たちは大勢で、とても大勢であなた方が真の人類に、そして真理を修得した状態に進化すること、そして皆がともに進化するということ、これらのあなた方の選択と願望を、私たちは応援しています。光のサークルがつくられ、あなたの光が肉体と統合されていくのを見るというのは、なんという喜びでしょう。あなたが自分の肉体の意識を超えて、この広大かつ純粋で光り輝く無限の意識に気づき、感じて、あなたの本来の姿であるその意識そのものになれるということを見るのはなんという喜びでしょう。

あなたは人間である以前に神聖な意識でした。さあ、創造主とともに地上での自分の存在を創造してください。あなたが自分の本質を受け入れ、生得の権利を受け入れるのを見ることは、私にとって「喜び」という言葉を超えた喜びです。

偉大で完璧に神聖なあなたの真我を具現化してください。あなたの「わたしはありてあるもの」としての存在には偉大な美しさがあります。無限の力はあなたのものですが、これを自分の要求を満たすだけではなくみんなのために使うように気を配ってください。怖がらずにあなたのものであるこの光に向かって進んでいきなさい。あなたはこの光を具現化して、他の人びとがこの道を見つけるのを助けるために転生したのです。求めれば与えられます。この天恵《グレース》はあなたが許可してくれるのを待っているのです。

あなたの愛を通して、あなたの裁かないという決断を通して、あなたのすべての想念形態を変えることができます。変容はすべての人の手の届くところにあります。それは単に選択の問題です。キリスト、ブッダ、マグダラのマリアなどを思い出してください。私たちは皆、母なる地球をより高い意識に導かなくてはならないのですから、平和、調和、喜びと愛を選択しましょう。私たちは目覚めた意識をもって選ぶのです。

小さな人格、小さな自己を手放すとき、あなたは非人格的な真我、宇宙的な真我に中心を置き、危険や否定的なことを気にしないでください。エゴに自分が主人であることを示してください。ある目的に向けて働くとき、私たちはその目的を意識の中心に据え、進む際に遭遇する小さな問題にとらわれません。同じようにしてください。バラの木には棘があることをあなたは知っているでしょうが、バラの花の近くに棘はないことも知っていると思います。あなたは棘にではなくバラの花に焦点を置き、そこに意識の中心を置いてください。

あなた方は一緒になって愛、そして力を集め、光に仕えることが可能です。光は少しずつこの世界に漏れてきています。なるべく多く一緒に集まり、光のサークルをつくってください。宇宙はあなた方に驚異的な可能性を授けました。それを使ってください。普遍的な喜びと普遍的な豊かさがあなた方のものなのです。与えれば、その百倍となって戻ってくることでしょう。

前進することを怖れずに一緒に前進しましょう。一つになることや速く進むことを怖れずにです。天のエネルギーは光の速度より速く進みます。神はそれよりもゆっくりだと思いますか？　あなた方全員が人類の素晴らしい進化の計画に参加しているのです。あなたは自分の中に、人生への選択が実際に感じるはずです。

人類が目覚めるのを助けてください。あなたはそのためにマスターとして生まれてきたのですから。勇気、意志と真理は、あなたに仕える用意が整っています。このキリスト意識を統合させ、愛の高次のビジョンを生きてください。あなたの役に立つために、天のいくつもの世界があなたの決断を待っています。私たちがこの高次の光の運び手になりましょう。私たちに挑戦させてください。不安は生まれるでしょうがそれを超えるのです。光によって浄化されていくときに、それらの不安が生じます。

目覚めの道はもはやあなたのものなので格好をつけず、執着を持たずにシンプルに生きてください。執着は恐怖や欲求のさまざまな感覚を育てますが、神はあなたの中に、あなたとともに、あなたのまわりにいて、そして**あなた自身である**ことを知ってください。何が不足しうるでしょうか。ある人たちは、自分に安心感を与えてくれるものを抱え込み、自分は安全だという誤った思い込みをもって暮らしています。しかし、あなたはバランスと調和の中に生きなくてはいけません。光に加わりなさい。そうすれば、あなたはこの人生の混乱状態や不安を感じることなく通過することができます。

この肉体、魂とスピリット（精神）のバランスを見出すことは重要です。天恵とともに信念が成長して自分の生得の権利を取り戻すでしょう。それを取り戻せば、**あなたの信仰がその生得の権利を具現化します。**

この荘厳な光の中で眠りにつき、朝はその光を真っ先に思って目覚めなさい。あなたの目覚めている時間はすべて光り輝き、喜びと愛、キリストの栄光、そして調和に満ちたものになるでしょう。これが自分を自由に表現している光です。怖がらないでください、多くの味方がついています。あなた自身を真我にゆだねるのです。この真理は不変です。変わることは永遠にありません。

今はこの惑星地球に暮らすのに最も素晴らしいときです。すべてと一つに融合していれば、あなたは成功します。言い換えれば、一つとして融合することによって成功するのです。今はもはや孤立するときではなく、自分をオープンにして、自分の恐怖を乗り越え、霊性をもって毎日を生きるときです。それに抵抗している人たちは、あなたが自分であることを妨害しようとしますがそれを乗り越えてください。天国と地獄の信念体系を超えるのです。内面から生きてください。「精神的」な頭脳で考えるという罠にはまらないでください。先に進むことを怖がる人たちにも邪魔されないでください。あなたが一人ではないということを知り、心を静め、決意をもって前に進んでください。神聖な意識はあなたに害を与えるようなことをしません。

あなたの創造主である神は、あなたの理性での理解を超えた愛であなたを愛しています。あなた方はこの聖なる愛、天上界のエネルギーの伝達装置であり、媒体です。このキリスト・エネルギーの愛、天恵、幸せと喜びを言葉で説明することは不可能です。キリストのエネルギーは純粋そのものです。ここにあるのは、**人類が聖なる人類**へと進化する過程です。

あなたの本来の姿である光が光り輝き、あなたから放射されること、あなたがいるところすべてにおいて、この光が活性化された状態でいることを許してください。何十億年もの間、あなたは偽りの中に生きてきました。あなたは自分の態度を変える準備はできていますか？　偽りや恐怖を創造する要因に滋養を与え続けることをやめる準備はできましたか？　五感に自由な表現をさせるのをやめますか？　もう自分の**気分**の奴隷ではなく、その主人になる用意はありますか？　あなたは何をする用意、何になる用意ができていますか？

知識と知恵があなたという存在の**各細胞の中に**あることを忘れないでください。そうです、あなたという存在の各細胞にです。あなたはエネルギーです。あなたは光です。あなたが肉体をまとっているから、あなたがもはやエネルギーではなく、光ではないということはありません。あなたの中には聖なる意識が宿っているのです。

変化の中には浄化の瞬間があります。あなたはいつもより多く食べたり、いつもより少なく食べているかもしれません。いつもより睡眠が多かったり、少なくなっているかもしれません。孤独を感じたり、引きこもったり、笑ったり、エネルギーがあふれ出て他人に分けてあげているかもしれません。いろいろなことが起きています。これは誕生で、あなたは自分を誕生させているのです。そこには二つの誕生があり、一つは肉体で、もう一つはスピリチュアルです。この三次元の不安の中で立ち往生しないでください。その価値はありません。あなたはもうすでにそれを何回も体験しています。自分がライト・ボディであったときのように自由になってください。ただし、今回そのライト・ボディは肉体に統合されていきます。この次元――ライト・ボディと肉体の統合の次元――における三次元の世界に生きるのです。

神聖な意識に気づく

宇宙のシャクティ、宇宙の創造、対極、物質、または基盤として具現化した純粋意識とともに働いてください。意識が物質に飛び込んだとき、それは創造の過程を始動させ、私たちの銀河系、生物以前の物質、生物の原始的生命という連鎖が特定の完成度に達するまで続きます。

次の進化の一歩は、あなたが自分は聖なるものであると気づくこと[1]です。その聖なるものは今、夜明けの時を迎えています。人類の運命は聖なる意識への到達にあります。この時期、あなたは聖なるもの、そして神々しくなり、超意識を持つ存在になるのです。あなたの進化への鍵は自由意思です、自由意思または進化する自由はあなた方それぞれに内在しているからです。

人類はいずれ悟りを体験しますが、それはいつになるでしょうか。それが**いつであるかは**個人によります。より多くの人が自分の真我と整合するほど、地上に統合と愛が広がります。統合がないとしたら、それは恐怖、内在する無限の力を恐れる結果です。この恐怖と折り合いをつけることです。これらの「障害」と直面して前に進む、そして自分に正直であるという意志をもって生きるのです。その時、初めて真理が具現化されます。

今がその時です。人類は大きな岐路に立っていて悟りの偉大な螺旋《らせん》状の道に、そして報われる明るい黄金の運命に一歩を踏み出そうとしています。自分の豊かさ、栄光ある可能性に気づき、そして神聖で進歩的な知識を駆使して環境、社会、医学に関わる多くの課題を解いていく黄金の機会なのです。この集合的な意志が大衆の高次の意識への移行を可能にするのです。そしてそれは、あなたが想像するよりずっと速い速度なのです。

大きなシフトが今いくつか起きています。その目的に到達するにはいくつのステップがあるのかと、とても多くの人が質問します。まず、最初のステップとあなたの最初の意図がとても重要です。勝利が得られるよう手に手を取り、ハートを一つにして一緒にスタートしましょう。光に身をゆだね、怖がらないように。光があなたを導きます。あなたは支えられています。光があなたを通して光り輝くようにすると愛がそこにあります。そして、あなたは平和の中で暮らすことができます。

このサークルはあなたとともに、あなたにより、あなたを通して完成されるのです。人類すべてが今、移行期を通過していますが、これはまだシフトの始まりの部分です。多くの人がより早く進化して、彼らが他の人たちの進化の加速を手助けします。そのシフトの中でマインドはより神聖なマインドになり、美点はより明らかになり、物質はより洗練され、物質自身が命を持つようになり、神聖な方法で自分を表現するでしょう。

地球の周囲のエネルギー・グリッド（格子）も大きなシフトを経験中で、地球のエネルギーを新しい整合（アラインメント）へと引っ張っていってくれています。この過程を通して新しい領域のエネルギーが得られるようになり、この新しい波動に自分が合わせられると、みんなの仕事がやりやすくなります。これによって進化過程が加速化していきます。

移行し、五感を超えてください。あなたの壮大な融合のために高次の波動がここにあるのです。それを五感によって感じることは不可能です。あなたのカルマはものすごい速度で浄化されることになります。あなたが感じることは、過去の感情や行動や想念に由来することになるでしょう。

あなたのエネルギーや周波数を光の存在たちと整合してください。第六感を使い、いろいろと異なったエネルギーに自分を同調させると、自然に異なった周波数を体験できます。進化した人間はもはや病気になることがなくなり、病気は消えていきます。調和が人類を待ち受けています。なんと素晴らしい旅を楽しめるのでしょう。そしてそれが起きるためには、あなたはスピリチュアルな暮らしを営む必要があるのです。

これらすべてが起きる可能性があります。それは選択の問題で、その意志があるかどうかです。人類が**選んだ**ときだけ、そのようになります。聖なるものとの挑戦に向き合って五感から六感に移行してください。その動き、その波はあなたが自分の内面を見つめたときに、すでに始まっています。すべてがそこにあるのです。

無数の選択肢があなたを待っています。人は目覚めた意識をもって進化に協力する能力を持っています。もう進化が盲目である必要も、本能的である必要もないのです。あなただけが「未来」を決め、加速化させ、完成できるのです。物質を光に移行させ、意識のレベルを上げることが、憂鬱《ゆううつ》で迷った状態、方向性を見失った状態から、より確かな状態へ移行し、最終的には高次の意識への突破口へ至る唯一の手段なのです。気づいてください。内的な成長をもたらすには愛、知恵、力、知識、スピリチュアルな修養を通して、肉体的、心理的、感情的、精神的、そして精妙なエネルギー次元が変容されなくてはなりません。

したがって至高なる知性、内在するシャクティに身をゆだね、信頼して信念を持ってください。光を可能なだけ吸収して、光とその力とともにいてください。自分を高次の意識に向上させ、この地上の意識、自分の人格、マインド、カルマと物質を神聖なものへと変えてください。

あなたの肉体も変化する必要があります。それを起こす唯一の方法は、より多くの光を肉体に、その組織に入れていくことです。そうすると肉体の生命力が増して、それは死や病気を超越します。聖なる火*、生命の火を物質に降ろし、死を恐れることなくこの次元で自由に暮らしなさい。そうすれば、ここは地上における天国、新しい地球となるのです。

インド、ケララ州の孤児院をサチュア・ババとともに訪問。

第20章 聖なる仕事

この光を降ろす仕事はあなた方がすることになっています。
そのためには、あなたは光に身を捧げなくてはなりません。
あなたはゆらぐことのない中心をもって、
自分を捧げねばなりません。

物事の優先順位を正す

愛の化身であるあなた方、この世に真理はあるでしょうか。この世に偉大と言えるものがあるでしょうか。それらがあるとすれば、二元的な世界のどこにあるのでしょう。私にとってそれは人間のハートの中にあります。それは人間の中にあります。真我、キリスト、神、宇宙、アッラーが自分を現わすとき、それはハートの扉を通してです。

真我は愛を通して、愛を通してだけ、自分の存在を明かします。愛だけが神や真我を引き寄せ、その証《あかし》として形を与えたのです。そして、あなたがその証そのものであり天恵《グレース》なのです。

したがって、私たちのやるべきことは恐怖の結果として生じた限界ある概念を自分だと思うことから、自分は内在する聖なるものと同一であるという自己認識へと移行することなのです。個人の所有物や肉体、人間関係への執着に私たちを導く根本的な恐怖心を克服することです。人はいつも何かを失うことへの恐れの中に生きています。その理由は、永遠の自己である自分の内側で呼吸する存在ではなく、身体、肉体的意識*、物質的な肉体を自分だと思うからです。

こうしてあなたは、今生を使って自分を知り、自分に内在する意識を体験して自分が本当は誰であるか学ばなくてはなりません。そうしなければ、人生は無駄になります。無意識に生きることは無駄なことです。親愛なる人たち、愛の化身であるあなたたちよ、すべての創造の裏には慈悲深い力、つまり真理によって維持されている愛と光の波があります。そして、あなたはその真理です。それがあなたの本質なのです。その力というのは人間のマインドでは理解のできない愛なのです。それは全知全能であり、全部が慈愛です。慈愛とは思いやりの愛であり、そこには判断が入ってきません。それはすべて至福であり、すべて高次元の自己で変化を知らない永遠の真理です。

もちろん、この意識の法則や一つとして統合した意識は、絶えずあなた方一人ひとりの中で息づいています。この意識の自然の法則は神が息を吸って吐いているところにあるのです。ソー・ハム*（〈わたしはありてあるもの〉）の呼吸が体の中で吸ったり吐いたりされているのです。神と魂は肉体の中で融合しています。それは宇宙の法則の驚くべき天恵ではないでしょうか。あなたはその天恵、その法則を体験する機会を与えられています。これが自由です。**これが自由なのです。**この二元性や苦しみから自由になってください。

人間の誕生はとても貴重なものです。人間はとても崇高であり、高貴であり、偉大でとても高次なものです。すべての生きものの中で人間が最も素晴らしく、最も高次元の存在です。人間の命は貴重です。人間がこの命という**贈り物**、この命という奇跡を価値ある生き方によって体験すべきであるということを理解することが重要です。

ですから、内在するこの素晴らしい可能性に気づいてください。自分の呼吸を感じてみてください。誰が息をしているのでしょう。この生命力はこの呼吸、命の呼吸にあります。聖なる愛の広大さは呼吸にあります。光は呼吸にあり、聖なる力の豊かさもこの呼吸にあります。真理はこの呼吸にあります。

全宇宙はその真理の天恵、その愛の天恵、その「ひと呼吸」の力から創造されています。そしてこの「ひと呼吸」は、吸う息と吐く息の間にあります。この「ひと呼吸」はあまりにも精妙で呼吸をしていないのと同じです。それは完全に空っぽです。この空虚、この栄光、この勝利がワンネス（一なるもの）の存在の永遠の呼吸としてそこにあるのです。

何回も繰り返して私は伝えています。愛する者たちよ、気づきはあなたのサダナ*（スピリチュアルな修行）に不可欠であり、この素晴らしい惑星における偉大な変容のこの瞬間に不可欠なものです。私たちはこの素晴らしい場に一緒にいます。この言葉を読んでいるあなたに、私は謙虚に感謝いたします。私の未来像は、あなた方が「生き生きとして」、活性化されることです。それはあなた方が自分の内在する意識または高次元の自己に目覚めて生きることを始めればすぐにでも起きます。そうなるとあなたは愛、喜び、平和、調和と広大さしか体験できなくなります。あなたが歩くとき、そこは地上の天国となり、あなたは愛を広げることができます。まず、愛があなたの中に、あなたの真我の中にあり、それからあなたによって発生し、放射され、そしてあなたのまわりに広がっていきます。

あなた方一人ひとりがこの次元で自分の天国や地獄を**創造する**のだということを頭に置いておいてください。それを**内面**につくるのです。誰かがあなたのためにそれをつくるわけではないので、気づきを与えてくれる「存在*」に気づいてください。この中心への気づき、内在するキリストの黄金の光、そして今という最高の力、内在する静寂さ、これらへの気づきをもってください。あなたはその内在する静寂さを体験してください。聖なる存在はあなたの中に住処《すみか》を持ち、その静寂さに身を休めているのです。その存在を十分に生かし、体験するのだという決意を改めて固めてください。

物事の優先順位を正すことです。この人生体験の中であなたは何を選択していますか？　この「存在」

を押しのけてあなたに屈辱を与え、あなたの力を奪う他のすべての物事を喜んで迎え入れるのですか？あなたはこの神性、この神、このキリストを歓迎して自由になり、完全になり、聖なる人となることを選んでいますか？　それとも、そこに注意を向けないような道を選んでいますか？

あなたは自分の人生の目的を生きる意志がありますか？　あなた方は皆、目的をもって生まれてきました。あなたはここに来た理由を体験する意志はありますか？　それは自分の可能性、内なるシャクティと融合して生きることです。あなたには人類に敬意を払い、自分自身に敬意を払う準備はありますか？　キリストの教えとは何でしょう。あなたの文化の中（訳注＝アメリカ）にいると、彼の教えを信頼するかは別として、彼の人間としての転生について知らないわけにはいきませんね。彼は偉大なシッダ*であり、愛の偉大な化身です。彼の教えを具現化する用意はできていますか？　愛をもって最も高次な、最も偉大な方に仕える用意がありますか？

あなたが人類を愛しているときだけ、あなたは神に仕え、神を愛し、神に敬意を払っています。これをプージャと言います。しかし、何年もジャパ*（マントラの復唱）を行っていても、自分の部屋でプージャを行い人類に対して冷淡であれば、神に仕えていることにはなりません。それは崇拝の目的ではありません。すべての偉大な教えは、あなたが本来の姿である真我を具現化、本来の姿である意識を具現化することを求めます。偉大なグルたちの言葉を聞き実践してください。それが人生です。それがプージャ。それが（神への）崇拝です。地上での天国の原型の設計を復活させるために、あなたはここにいるのです。言い換えると、あなたは自分からスタートし、人類を聖なるものへと変え、ハートの満ちた人類にするために創造されたのです。

天空の領域は今ここにある

光の具現化である聖なる「青写真」の原本は活性化される用意ができていて、その「青写真」の中にあるのは大いなる存在です。あなたのＤＮＡに暗号化されているのは永遠の真理、完全な融合の「ひと呼吸」です。私たちは、私たちの気づきを通して皆が一緒に、すべてを愛することによって地球の意識を向上させることができます。私たちが平和そのものになり、あらゆる存在の根源である「わたしはありてあるもの」の存在、パラマートマン*（至高なる自己・絶対存在）の光を今ここにもたらすのです。

あなたのハートのこの変容、あなたの存在の中のこの自由、マヤ*（無知や幻想）そして二元性からのこの解放は目覚めであり、モクシャ*（解脱）であり、内在神への目覚めです。これは真我の天恵であり、それだけが永遠です。この焦点を合わせた状態を維持してください。天恵に歩き、天恵に生きて、教えを信頼してください。聖なる愛の役割とともに生きてください。あなた方のすべては偉大な教えにつながっているので、その教えを尊重してください。

今、あなたのダルマ*（正しい行い）を達成してください。一瞬でも時間を無駄にしないようにしてください。待たないでください。天空の領域はあなたのために現われました。これらの領域はあなたが地上を去る最後の瞬間まで待ったり、あなたがこの光を経験して彼らを発見するまで待つ気はありません。あなたの誕生は貴重なものですが誕生日を祝うのはなぜでしょうか。それが貴重なものであるならそれを生かし、良い行いをし、あなたがこの光の存在であることに気づいてください。そしていつも気持ちが向上するように、良い想念だけを持つようにしてください。

他の人びともそれが沈黙の中であっても、あなたのシャクティによって向上させてあげてください。あなたのまわりにいるすべての人びとがあなたの光を体験して、あなたの熱意と情熱、あなたの献身と強い意志を感じるでしょう。彼らはあなたの内在する真我の天恵、そしてあなたがそれぞれの人の高次元の自己を尊重しているのを体験するでしょう。あなたはすべての人を光の存在として見て、愛をもってあなたのハートに歓迎し、感謝をもって受け入れてください。すべての人を敬意をもって認め、接することであなたはあなたの中に、そして彼らの中にある真我を尊重することになり、あなたの聖なるハートの扉が開くことを可能とします。

そのためにあなたは純粋でいて、純粋な想念を持っていなくてはいけません。謙虚に生きることです。謙虚にならなくてはなりません。謙虚さと献身は偉大な教えの天恵をあなたに引き寄せてくれる主な特質です。それは、あらゆる存在の根源である「わたしはありてあるもの」の存在の力、パラマートマンの光、そして高次元の自己の中に存在するキリストの壮大さと栄光です。

これらの特質が活性化されるとき、初めて最も高次なるものが人格に具現化してきます。もし人格が弱く感情的だと、その「存在」を近くに引き寄せられません。「存在」は強い人格に引き寄せられるので、自分の想念を使い、強い純粋な人格を創造してください。あなたの想念はその力を創造します。なぜなら、天恵と祝福は常にあなたのそばにあるからです。

しかし、ワークをするのはあなただということを忘れないようにしてください。ただそこに座って何もせず、あとになって痛みや苦しみ、いろいろな感情パターンに入っていくようなことはしないでください。ワークをして教えを実践してください。偉大なマスターたちの知恵を実践することです。降りてくる光にしっかりと焦点を合わせられるように修養すること。あなたを今まで夢中にさせていた世俗的なことに気を取られないでください。人間であることの不思議を発見するのです。

ワークをしてください。すべての恐怖、すべての執着と欲望を捨ててください。悟りへの願望さえ手放すのです。なぜなら、その願望が対象物となってしまうからです。捧げてください、献身なくしてはモクシャを体験できないからです。天恵の聖なる特質によって、そして完全な信頼をもって人格を目覚めさせてください。あなたが人格を目覚めさせたあと、初めて真理への移行が選べるのです。悟り*を体験できるのです。すると聖なるものの意志は、光への献身と対になって簡単に具現化されるのです。

あなたのマインドにある神聖な意識を歓迎してください。あなたの意識、そして肉体にある聖なるものを歓迎してください。聖なるものの具現化であるあなたは、献身をもって神を歓迎することを忘れないでください。あなたのすべての行動とすべての想念の中で神を歓迎してください。あなたのハートの愛を拡大してください。あなたのハートが常に開いているように。あなたのハートが閉じているなどと言ってはいけません。それは真実ではありません。ハートは常に開いているのですがマインドがハートにベールをかけているのです。ですから、あなたのマインドにある純粋なるものを歓迎してください。「存在」、波動、真理を拡大して神聖な人生を体験してください。

この瞬間、「存在」を呼吸とともに吸い込んでください。この真理を吸い込んでください。あなたのチャクラ*のすべての花びらを通して吸い込んでください。呼吸をしてこの「存在」をあなたのすべてのサトル・ボディ*に吸い込んでください。光、「存在」、そしてあなたの全チャクラの真実を分泌腺や臓器、細胞、分子や原子の中で拡大させていってください。

そして最後に高貴な人生を歩んでください。天恵があなたとともに、あなたのためにここにあることを知ってください。天恵が必要だなどと言う必要はありません。あなたはこの光を降ろすワークをするのです。そのためにあなたは光に身を捧げる必要があります。あなたのゆるぎない中心を自分の中に持ちつつ献身するのです。呼び覚まし、呼び起こし、意欲を持って働きかけてください。奥深くから、キリスト・セルフ*と聖なる母*を活性化してください。

日中の喧噪の中でも、この今という瞬間に必ず戻り続けてください。この神聖なる瞬間、愛する存在の聖なるハートの中の「今」の瞬間、時空を超えたあなたの中の変化のない場に戻り続けてください。それはなんという沈黙、なんと拡大された「今」でしょう。すべての想念や感情を超えて、肉体の意識を超えて、この無でありながら満ちた中心、無の中心、その空虚に移行するのです。あなたのすべての注意がこの聖なる空間だけに行くようになると、あなたの存在全体が神聖になります。その時、そこで休んでください。あなたのために、あなたの真我により、最愛なる存在により、最愛なる存在と**ともに**創造された天恵の永遠の一瞬の中に。そして聞くのです。「誰が呼吸しているのでしょうか。誰がこの融合の天恵を私に与えてくれるのでしょう」。それは最愛なる存在です。

あなたの最愛なる存在は神であり、真理、そして光、真我でありキリスト、純粋意識と、さまざまな名前を持つ一つなる存在です。何も失うものなどありません。愛する人たちよ、怖がらないでください。あなたの最愛なる存在との再会[1]において、あなたが失うものはありません。拡大と自由を体験するだけです。

自由です。完壁なる融合の天恵があなたを待っています。

もちろん、あなたは意識の焦点を合わせ、自分の中に中心を定めなくてはいけません。なぜなら、そこに自由があるからです。**沈黙に入っていってください。**二つの呼吸の間に一つなる存在、「今」があります。この現在の瞬間である「今」にゆだねることはなんと**貴重なこと**でしょう。すべて起きるままにしてください。瞑想はただの集中ではなく、それは**深い集中**です。あなたは何もすることはありません。瞑想はあなたをあなたの存在、**あなたの聖なる存在に**導く道具なのです。

その静けさの中に入ってください。その永遠なる静寂に入ってください。愛する人たちよ、未知とはどんなものでしょう。未知、神秘、神聖なる無限を体験してみてください。これは気づきです。目覚めた意識を持ってください。気づいてください。あなたは永遠に自由であり、無限です。この意識の一部分は自分を体験するために、分離を体験するために肉体をまとっています。肉体は誕生しましたが、実際、あなたには生も死もありません。人生は奇跡です。

あなたの献身を拡大してください。あなたの光への献身、光のための献身を絶えず拡大していってください。この永遠の真我、流れ続ける意識はこの瞬間ここに、あなたの中に、**あなたとして**存在し、あなたに自分を明かそうと許可を待っています。至高なる自己の壮大さはあなたのハートの中にあります。

南フランス、マグダラのマリアの洞窟にて。

第21章 五次元に入る

今はこの惑星と住人すべてが
恩恵を受ける幸運のときです。
私たちは新しい文明を築くために
飛躍的に螺旋状に進んでいます。

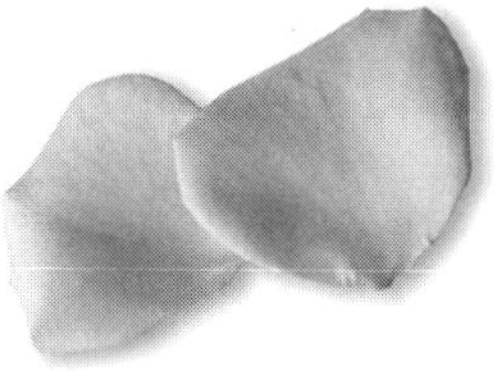

ハートで生きる

マインドをハートまで降ろしてきてください。自分が誰であるかについての否定的な想念や誤った認識を美徳とスピリチュアルな真理が宿っているところに取り込むのです。このようにして、あなたは人類や母なる地球に奉仕することができます。あなたがスピリットの真理だけを追求できるように、あなたに中のキリストの存在が明かされ、光り輝くのだと決意して身をゆだねるのです。それが鍵です。それだけでよいのです。

あなたを罠におとしめる否定的な想念や感情的なエネルギーを排除して、人生に対して最も謙虚な生き方をしてください。そして過去を超えて愛の新しい世界に入ってください。いちばん大事な性質は謙虚さです。創造してください。共同創造をしてください。そしてそれがどんなレベルであっても、より大きな気づきや、より高次の次元への目覚めのこの時期に、あなたのグルとして奉仕してくださった方々に敬意を表してください。感謝をして、感謝を表わして、そして感謝の念を保つことを忘れないでください。ハートの中に他の何よりも謙虚さを保持していてください。なぜなら、謙虚なハートの中には、この惑星のすべての生命、そしてそれを超えたところへの感謝の記憶と整合（アラインメント）があるのです。

コヒーレント（訳注＝整合している）光、コヒーレント波、そして増幅した光の粒子はこの素晴らしい時期と場所を表現するようにあなたの肉体が誕生したとき、あなたに贈り物として授けられました。この贈り物はこのユニークなスピリチュアルな瞬間に、あなたと人類すべてが聖なるものとの永久的なつながりを、度合いを増しながら取り戻していくことができることを保証するものです。しかし、人びとは苦闘しています。私があなたに差しあげることができる一番の贈り物は愛です。愛は過去にあった否定的な誤った考えからあなたを解放したり、愛から離れることのないようにサポートします。そのような意図をハートに体現して、愛の化身になってください。それがあなたを力づけてくれる方法で、その愛と慈愛を人びとと分かち合ってください。自分に内在するシャクティ*（スピリチュアルなエネルギー）を体験することから、それを拡大し、味わい、感じ、自分の中で点火してください。そしてその知恵、愛、知識、思いやり、優しさと創造力を分かち合いはじめてください。あなたが出会うそれぞれの人に愛という贈り物を通して力を与えてください。そして自分にあるものやできることに対して感謝をしてください。
そう、目的を持つのです。生命すべてとスピリチュアルな協力関係を築き、人類が愛を通して癒されていくよう、深い、深い愛と慈しみを持ってください。あなたの中にすでに存在する、神から与えられた愛に感謝し、敬意を払い、その愛をいま以上に燃え立たせ、思い出し、そして表現するのです。より改善したいという願望を表現してください。なぜなら、実はあなた自身が自分のグルであり、マスターであり、自分にとっては一番の友人であり、教師でもあります。

私が愛をもってサポートをするように、他の人に親身になって同じようにしてあげてください。あなたが表現するこの愛と知恵はあなたの記録となり、より高次の知恵と愛の周波数に運んでくれる未来へのパスポートになるのです。私からあなたへの贈り物は、あなたが本当は誰であるかを思い起こさせ、あなたの元気を回復させ、あの愛のシャクティを与え、そしてあなたがすでに持っている至高の愛を目覚めさせることです。あなたは修行中のマスターです。あなたは、あらゆる存在の根源である「わたしはありてあるもの」としての存在なのです。私の役目はただそれをあなたに思い出させることです。私はあなたの存在の代理にはなれません。私はスピリットに仕える者であり、スピリットの友人です。母親が妊娠すると子どもが子宮にいる頃から支えていくように、あなたがあなたに向かって旅立つとき、その旅とそれが意味するすべてを支えます。

自分の過去の否定的なものの見方や愛情に欠けた行動などを自分自身が許したとき、平和、成長、そしてより偉大な自己との関わりを瞬時に手に入れることができます。自分を許し、残っている否定的な感情的エネルギーを解放することができると、自分の浄化された意識の中から、他の人たちを快く許すことができます。愛は「許すこと」であり、それは自分自身から始まります。自分自身が貴いものであるということを受け入れず、自分たちの価値に気づくことができないと、私たちは自分の中に障壁をつくり、自分たちが快く与えることができる真の愛に限界をつくってしまうことになります。

私たちの旅における許しの役割を理解することは重要です。外に世界があり、その影響を自分たちが受けているということを私たちが信じていると、他者を判断したり、何かを他人の責任にして、自分が犠牲者の役割を演じたりしてしまいます。そして私たちは誤った解釈や分離という偽りの罠にはまってしまいます。これは大きな幻想であり、痛みと苦悩の原因となります。私たちが判断をやめることを実践して本当に許すことを始めると、私たちは自分たちを解放しはじめ、本当は、世界は自分たちによってつくられていて、それは私たちのマインドの投影であるという理解にシフトできるようになります。私たちが自分の人生経験の創造主であるというパラダイムです。次に、私たちは自分自身を許しはじめ、本当の愛という概念に移行します。すべてが夢であり、最終的には許すことなど何もないと気づきはじめます。すべてが愛なのです。許しは一時的な道具であり、幻想の嘘から、すべては一つであるという真理に連れて行ってくれる橋なのです。

脳を完全に使う

銀河の光子、さらに異次元的な贈り物が提供されるスピリチュアルな新しい時代に人類が突入しているので、あなたの体に内在するＤＮＡのアイデンティティや脳が変化しています。左脳の知的能力は人類に対して、より高次な奉仕をするようにシフトをしていかなくてはいけません。このことを知っておいてください。科学はあなたが宇宙とそこで働く創造の奇跡が見えるように、限界のある感知能力が広がるように手助けしてくれているのです。あなたの肉体と脳が一緒に働くためにどのようにつくられているか学んでください。そしてあなたの高次の意識を否定したり、それを無効とするものの見方、認識すべてに対して浄化のプロセスを始めてください。あなたは愛、知恵、調和というスピリチュアルな波動から生まれてきました。その運命を自分の権利として要求してください。自ら進んで自問をして、誤った信念や凝り固まっている信念を除去してください。

直感的な右脳が、入ってくる光子の影響を受けて進化をしようとか、表現をしようとか、より高次の倫理的な周波数の場所から物理的レベルの人生や環境を創造しようとするようになると、あなたの左脳は混乱して危険を感じるようになるかもしれません。左右の大脳半球をつなぐ脳梁《のうりょう》がどのように働くか理解するときが来ました。脳梁が働き、直感のハートがビジョンを抱き、知性が細部を詰めるようになると、人生に調和をもたらすことになるのです。ハートの愛が先に立って導いていくとバランスがとれていきます。

自分が本当は誰であるかについての間違った考えや感情の痛みを解放することによって、脳の両半球は互いのパートナーとなるのです。あなたの直感的な右脳がハートとつながり、先へ導くことを許し、そして左脳の知的能力を使いながら、スピリチュアルな平和な人生を創造することができれば、脳には新たな現実の世界が展開されます。直線的思考がハートとともにあり、科学とスピリットがともにあるようになるのです。

より偉大なあなたのために、より高い波動、より速い周波数のエネルギーと豊かさの時代に入りませんか？　過去の否定的な想念や感情を減らし、自分に「私は誰？」、「私は誰になりつつあるのか？」と聞くのです。誰でも幸せになりたいと願っていますが、多くは何をすればそれを創造できるのか分からないのです。

愛と知識が知恵を創造することができる純粋なマインドとハートの場所から、あなたの運命が始まるためには働きが必要です。限界をつくる習慣をやめることによって、自分の人生を喜びと美の庭園にすることができます。共同創造してつくり直すのです。鍛錬してください。脳の両半球を使い、あなたとこの惑星の生きものすべてに平和をもたらす特別な人生経験をつくってください。人類の意識を向上させるために、「進化」が深遠な光子のエネルギーの贈り物を与えてくれているのです。あなたは新しい現実の体験に向かっています。言葉に表わせないような祝福された未来です。もちろん、あなたが必要な努力をして心を込めて参加をすればです。この機会を無駄にしてはいけません。あなたが過去の限界に気づいてそれを変える意志の力を持っていれば、あなたが来たその天国に帰ることは保証されます。

感情的な悪影響を調和させる

そうです、あなた方のほとんどはあなたの家族やまわりにいる人たちの精神状態、習慣や健康状態までも影響を受けてしまうのでいつも警戒が必要です。ほとんどの社会的な影響が潜在意識のレベルで働いていることを知っておくべきです。人類は本来、社会的な存在であり、その個人的特徴は人を取り巻く内的、外的なエネルギーによって決定されると考えてください。あなた方の一人ひとりが責任をもって、愛情とともに自分の保持している否定的なエネルギーを解放していく必要があります。社会的な行為や社会的感染の作用に気づくことです。それらを調和させ、自分のエネルギーを健全に使うためにです。幸せな人びとがたびたび仲間たちと集い、大いに喜びを体験している様子に気づいてください。個人的かつ社会的なつき合いを通して幸せなエネルギーが広がり、コミュニティの創造力も高めるのです。覚えておいてくだささい、喜びを経験するためには限界のある態度や感情を正さなくてはいけません。生まれつき知恵と愛の能力が備わってくることに幸せを感じてください。

人間関係の性質が前向きであることが不可欠です。あなたの日々の体験は自分のことを学んだり、他者との関係性を観察する意欲があるかどうかによって変わってきます。それは社会的感染です。外国の子どもを養子にした夫婦にこの社会的感染を見ました。子どもたちは無意識に自分たちのいちばん近くにいる人びとの顔の表情、話し方や態度、ボディ・ランゲージ、姿勢や行動を真似るものです。それらのプライベートな環境に伴う感情も子どもはとても自然に模倣します。身近であることによって、他人の感情的な生活にひかれていくのです。ですから、健康的な家庭環境とかスピリチュアルな面で充足感のある結婚生活は生涯続いていく祝福された状態なのです。

少し鬱《うつ》状態の人と一緒に暮らしていると、自分のエネルギーも影響を受けるということに気づきませんか？　多くの人が一緒に暮らすほど、すべての感情表現に強い影響力が生まれます。幸せも同じです。それは指数関数的に増加されることがあり、ある会員がコミュニティーに創造性をもって愛情を注ぐことにより、スピリチュアルまたは社会的な組織を強く動かすことがあります。もう少し先へ進んでみましょう。あなたは、なぜ自分は兄弟や姉妹よりも友人たちの喜びや幸せに影響を受けやすいのだろう、と思ったことはありませんか？　ある一人の人が他の人よりも自分に影響力があるのはなぜなのか観察してください。ここでまた自分は社会的な影響力を受けやすいかどうか、気をつけていてください。他人を真似ることを避けられるかどうか、注意を払ってください。喜びや幸せを放射して、健康的な活動を行っている人たちとつき合うようにしてください。友人を選ぶときは知恵をもって選んでください。

感情の状態や力に関して一言つけ加えます。社会的な接触の頻度、それらのつながりの強さ、その近さを意識するようにしてください。あなたは誰かと親密になればなるほど、相手に共感し、相手の感情に影響されます。あなた方の一人が太っている仲間とつき合っていると言いました。私は何も言いませんでしたが覚えているでしょうか？　あなたは最近、体重がすごく増えてしまった理由が分からないと言いました。どうでしょう。彼らは何を食べていますか？　彼らは健康な人たちですか？　知らず知らずのうちにあなたは彼らを真似ています。彼らの消化器官の状態は良くないのですが、あなたも同じ状態になってしまっています。あなたの体重が増加するリスクは当然上がるでしょう。社会的なつながりと社会的感染。あなたはすべてのレベルで彼らの行動を取り込んでいます。同性だと影響はより大きくなり、摂食障害が感染します。タバコも同じで多くの人がやめるほど、禁煙が社会的に受け入れられ、喫煙を続ける人たちは、社会の周縁に追いやられます。

仲間と集まり、平和や愛、ワンネス、根本的な改革を創造するのです。そのワンネスから深遠な変化が起きます。あなたの充実度に気づくための機会をつくってください。それが地球規模の変容と人類の進化へ導きます。黄金の時代を支える新しいエネルギーや新しい社会構造を構築しはじめてください。集合の力を創造し、目覚めた意識を持った共同創造者になり、整合した意図、そして目覚めた意識を持った指導者になってください。

壮大なシフト

大きな献身的な愛、たくさんの感謝、そして聖なる愛をもって、私はここでいくつかの言葉をあなたに向けて書いていきます。この惑星は、そのすべての住人たちと一緒にアセンション*を続け、全員の運命であるところのすでにスタートをきった新しい時代に向けて準備をしています。地球は不思議な驚くべき可能性を有するすべてが可能な世界、完全な可能性の世界に突入しています。地球を取り巻くグリッドの形状は古いパターンである古いパラダイム（位相）からスピリチュアルな進化へとシフトしています。

今、人間が体験している電磁気場は惑星の人間の限界づけられた現実として、多くの混乱を引き起こしています。光の中に生きるほど、あなたは愛と感謝に生きることができます。この時期に感謝は私たちにいちばん求められている状態です。太陽が新しい光の光線を放射していることにあなたは気づいているかもしれません。さあ、私たちはどうやってこの惑星に来ているこれらの異なったエネルギーの光線の中で自分たちのエネルギーを調整できるのでしょうか？　そうです、異なる周波数、より速い波動への上昇の動きがあり、それは根本的な変化が起きていることを意味しています。

多くの人は私たちを拘束している物質世界よりも偉大な、より本物の何かがあると気づきはじめています。幻想に気づくことで私たちは幻想を通り抜けて、それを超えた現実に行かなくてはなりません。偽りから真理へです。もう選ぶことはできません。それは精妙なレベルでも、細胞構造レベル、素粒子レベルでも起きています。私たちが自分の人生経験の創造主だと気づくことができるように、とても深いレベルで引き金が引かれているのです。

私たちが幻想を超越するとき、自分たちが真実であると知っていることのすべてのパターンを変えるとき（それは痛みと苦悩とを伴いますが）、そして本当であるところに移行すると、人生は輝かしいものになります！　私たちは何の動揺することもなく変容が起きることを許し、オープンな状態でいられます。私たちの太陽系はすでにフォトン・ベルトに突入しています。光子のエネルギーは私たちの肉体に影響を与えます。サトル・ボディのすべての波動が速くなっています。この変化によって私たちの喜び、知恵、内在する光への認識、内在する自己がより上昇した気づきの状態をもたらします。このシフトが起きているとき、多くの人は自分が夢を見ているのか、疲れているのか、寝ているのか、起きているのか分からなくなっています。

エネルギー・レベルでは活動が高まり、それが私たちのサトル・エネルギーを活性化させ、充電し、より明るい光に変化させています。この惑星においてこのような偉大な光、偉大な生命力に満ちあふれた文明は今までありませんでした。これらすべては人間の進化のため、そのスピリチュアルな進化のためのものであり、人間とスピリットの偉大な錬金術や世界的規模の悟りのためのものなのです。これは素晴らしい機会です。ある人びとにとってはこれは進化であり、スピリチュアルな進化のための挑戦となるでしょう。今まで組み込まれてきた嘘から人類を解放するために、地球にいる生命はいま来ている光でいっぱいに満たされています。人類が催眠術から目を覚ますときです。浄化、清めが起きています。それぞれの、そしてすべての人の体験は善悪とともに激化していきます。あなたは選択できるということを理解してください。選択をし、自分の能力に応えてください。今がその時です。今がその瞬間です。

子どもの頃から、私はすべてのレベルの光を見てきました。そして今ほどの光を見たことがありません。あなたの道、あなたが選ぶ道を祝福します。あなた方のサトル・ボディ、マインド、そして肉体の中でものすごい量のエネルギーが動いています。今、状態は激化しているのでリラックスすることです。あなたの一番の優先順位はバランスです。自分のエネルギーをやさしく扱ってください。マインドが平和であるよう、ハートに感謝の気持ちがあるように、そして人格は内在する最も高次の存在にゆだねるのです。感謝してください。あなたにとっての感謝の日をつくるのです。マインドとハートに橋をかけてください。あなたの本質である愛の存在、光の存在に移行してください。あなたの神経系、サトル・ボディ、肉体、全存在、エネルギーの渦を愛と感謝で満たしましょう。再びバランスをとりましょう。水をたくさん飲んでください。喜び、瞑想、仕事、スピリチュアルな慣習、奉仕、これらのバランスの中で自分に仕えてください。それはあなた自身の変容や地球の変容に役立つ大きな光をもたらすでしょう。

もちろん、シフトのマイナスな影響について見ることも聞くこともあるでしょう。この情報を使ってすべてのレベルのプラスの効果について見ることも聞くこともできます。古い価値観を黄金時代の究極の価値観に変えている、地球にやって来た大規模エネルギーによって、あなたの感受性は増しています。今は地球とその住人たちに大きな利益をもたらすめでたいときであり、それらは新しい文明に向かって螺旋《らせん》状に飛躍的に前進しているのです。

より速い波動が焦点となることと理解することが不可欠です。何世紀もの間、人類は集合的に限界や境界のある偽りの現実を自分の真理として生きてきたことを思い出してください。今、このエネルギー、このシフトは、それぞれそして全員を古いエネルギーや古い信念体系を超越するところに連れて行きます。つまり、超越的なエネルギーが私たちをコヒーレント光に導いているので、古いものはもう合わなくなっているということです。そうは言っても習慣が根付いているため、古いパターンや信念体系が維持されていく傾向があります。今は自分を再発見するときです。自分のマインドを再設計し、再考し、再創造するのです。

催眠状態または無気力な状態から脱するのには大変な努力、飛躍的な進歩が必要とされます。あなたのフィールドにある光の波動が計り知れないほど増加しているものと理解してください。人生の新しい体験を再発見、再創造することが可能なのです。限界によって、そして他人のせいにすることによってつくられた牢獄から外へ出てきてください。低次元のマインドや限界のある感情によって創造された心の争いから脱出してマスターになってください。あなたの本質により、あなたに内在する存在、あなたの中の光であるシャクティによって自分が再発見されるよう、自分をゆだねてください。人生に感謝の念を捧げてください。深遠なる祝福を受け取ってください。マトリックスの無限のエネルギーに入ってください。境界線のない現実へと。

限界のある現実は、すべて二元性の状態から内在するワンネスに移行しています。これも選択と関連があります。あなたは自分が創造している想念と感情を選ぶことができます。あなたは何に生きたいのですか? それは自由、許し、愛でも光でもいいのです。そして自分には自由が耐えられないと気づいたならば、恐怖を同じようにして選ぶこともできます。でも、それは限界あるマインドがあなたをそそのかしているのかもしれません。

今は進化の瞬間です。地球が直面している状況が気候変動であれ、社会的・経済的・金融的な変化であっても、あなたはどの瞬間にでも創造し、再創造することができるということに気づいてください。どの状況もあなたの想念と感情パターンの投影以外の何ものでもないのです。あなたは、あなたの人生の創造主です。すべてはあなたのマインドの中で起きていることなのです。

注釈

（以下に挙げた用語および文節に関して、本文において対応する箇所に数字を付した）

第1章　愛の化身となりなさい

1　ジャパの実践　「ジャパを成功させるには二つの条件のうちどちらか一つが満たされたときである。一つは神の偉大さを感じつつ復唱できていることである。それは神の魅力、本質、力、美などを象徴する何かをマインドに宿らせ、それを意識の表面に持っていく精神的（メンタル）な方法である。もう一つは何かがハートから湧き上がるか、バクティの特定の感覚もしくは感情がその何かを活性化させていることで感情的方法であると言える。マインドあるいはバイタル（vital）がその方法を支え、または維持する必要がある」

参照：Sri Aurobindo, *The Integral Yoga*（Pondicherry, India：Sri Aurobindo Ashram Trust,1993）166.

バイタル　vital　訳注＝バイタルはシュリ・オーロビンド特有の用語。

「植物、動物、人間、生きとし生けるものに存在する生命の力。これなしに生命はなく活動はない。バイタルは必要不可欠な力である。サダナさえバイタルの力を必要とする。しかしバイタルが欲望、情熱や利己心になれば、逆に害となる。バイタルは抹殺したり、破壊できるものではない。それはサイキックやスピリチュアルな統制力をもって変容されなくてはならない」

参照：*The Integral Yoga* 52,53

2　シャクティ　「この世で人間が認知しうるのはマインド・エネルギー、生命エネルギーと物質エネルギーであるが、その背景、またはそれらが生まれてくる根源にスピリチュアルなエネルギーや勢力があると推測される。どちらにしても、すべてのものはシャクティ、エネルギーまたは勢力の結果なのだ」
参照：Sri Aurobindo, *Letters on Yoga*, vol.I（Pondicherry, India：Sri Aurobindo Ashram Trust,1970）216.

第2章　すべてに潜在する天恵

1　あらゆる存在の根源である「わたしはありてあるもの」の存在　「外的なものによって満足できない魂は内在する力の探求へと導かれる。そうすると人は、その〈わたしはありてあるもの〉の存在を発見するかもしれない。自分の中に魂のすべてのニーズと願望を満たすすべてのパワーが整っているということを知ることになるかもしれない。人がこの世の苦悩に追われ、この平和と平穏が内在する次元を求めるようになるまでこの知識はやって来ないかもしれない。〈わたしはありてあるもの〉の存在は、自分の願望の達成を意味するのだということを知るとその願望は満たされる」
参照：Baird Spalding, *Life and Teaching of the Masters of the Far East*, vol. I（Marina Del Rey, CA.：DeVorss & Co.,1935）143.

第3章　喜びと至福の根源

1　喜びを歓迎する　「それまで平和や喜びがそこに永久にあることは可能であるが、この永久という条件を満たすためには聖なるものとの絶え間ない接触を保つか、その中に内在しなければならない。これは外的なマインドやバイタルにできるものではなく、内的な魂またはサイキックな存在によってなされるものである。したがって自分のヨガの道が平和や喜びの道でありたい人は、自分の外面の精神的（メンタル）な性質や感情的な性質よりも、自分の魂の中に暮らす準備が必要なのである」
参照：Sri Aurobindo, *Letters on Yoga*, vol.Ⅲ（Pondicherry, India：Sri Aurobindo Ashram Press,1970）1320.

第4章　恋愛の真実

1　あなたの人間関係における至高なる自己の役割　「どのような価値を持つとしても人間の愛情にはその持ち場がある。なぜなら外見上のものよりも真理を、そして不完全より完全を、人為的なものより神聖なものを好む準備ができるまで、霊的な存在たちは愛情を通して感情的な体験を人間に積ませるのである。意識がより高いレベルに向上する必要があるようにハートの活動もそのより高いレベルに上がり、その基盤や性格を変えていく必要がある。ヨガはすべての生命と意識の基盤を聖なるものに置く。愛や愛情も聖なるものに根付いていて、その基盤は聖なるものの中にあるスピリチュアルとサイキックのワンネス（一つなるもの）でなくてはならない。他の事柄を横に置いて聖なるものまで行き着く、または一人で聖なるものを求める行為は、その変容に向けての一本道である。それは執着がないことを意味し、そしてそれは愛情を不満に変えたり、冷たい無関心に変えることを意味するのではない」
参照：Aurobindo, *The Integral Yoga* 326—27.

第5章　許すことであなたは解放される

1　モクシャ（解脱）　「通常、先に降りてくるモクシャの力は深く強力であるか、または重厚な質の平和と静寂であることが多く、多くの人がそのように体験する。最初それは瞑想のときだけ来るが、サダナがその通常のコースをたどればそれは徐々に長いあいだ保たれるようになり、最後には持続的な深い平和と内在する静寂さとなり、解放（された状態）は、意識の通常の性質となり、それは静穏で解放された新しい意識の基盤となる」

参照：Aurobindo, *Letters*, vol.Ⅲ,1197.

2　サムスカラ　「潜在意識（原文通り）の中では、不明瞭なマインドがあり、その中には頑固なサンスカラ（原文通り／オーロビンドの綴りはサンスカラ〈Sanskaras〉となっている）、印象、連想、固定観念、過去によってつくられた習慣的な反応があり、不明瞭なバイタルの中は習慣的な欲望、感覚、神経反応の種子で詰まっている。それらは私たちの体の状態を大きく作用する不明瞭な素材であり、私たちの病気の原因であることが多い。慢性または繰り返される病気は、ほとんどがその潜在意識と頑固な記憶や肉体的意識に強く印象づけられた何かのために繰り返される習慣である」

参照：Aurobindo, *Letters*, vol.I,353.

3　私たちのサトル・ボディ　「これらのサトル・ボディにはいろいろな名前がある。私が使う名前は内側から外側に向かってエーテル体、感情体、精神（メンタル）体、そして次の層は私がコーザル体と呼んでいるものだ。透視能力者を含むほとんどの人はコーザル体までしか見ることはない。見ていると思うほとんどの場合、彼らは実際にコーザル体の中のいくつかの異なったレベルか異なった層を見ているだけで、それぞれのサトル・ボディには異なった周波数の下位層がある。コーザル体は最初の三つのサトル・ボディ（エーテル体、感情体、精神体）よりもスピリチュアルだが、そのあとに来る層ほど純粋にスピリチュアルではない。コーザル体は鍵のようなものである。なぜなら、それはより低いレベルの体とそのあとに来るより高いレベルの体をつなぐかけ橋として機能するからだ」

参照：Virginia Essene and Irving Feurst, eds., *Energy Blessings from the Stars*（Santa Clara,Ca.：Spiritual Education Endeavors Publishing Co.,1998）23.

第6章　マインドの本質

1　「今」、「存在」、そして神の存在につながる　「あなたが現在の現実にもっと気づきはじめると、自分の物事に対する反応がなぜそのように機能するか分かりはじめることがある。たとえば、なぜあなたの人間関係が特定のパターンになっているのかなど。そして過去に起きたことを思い出すかもしれないし、より明確にそれを見ることが可能になるかもしれない。それはそれでよく、助けになるかもしれないが、不可欠なものではない。何が不可欠であるかというと、意識的に今ここにいるということである。それが過去を溶かす。それが変容の手段なのである。したがって過去を理解しようとしないで、できるだけ今ここにいることである。過去はあなたが現在ここにいると生存できないのだ。過去はあなたが欠席したときだけ生き延びることが可能である」

参照：Eckhart Tolle, *The Power of Now*（Novato, CA.：New World Library,1997）78.

2　マントラを使う　「不信、不安、気が散るとき、マントラを復唱することは気持ちを静め意識を落ち着かせる。マントラを効果的に行うためには利己的な利益への欲望を持たないこと。こだわりがないと内側からの超然とした態度が生まれ、内在する真我が体感できる。このためにマントラは最後に〈ナマハ〉という言葉で終る。その意味は、〈ゆだねる〉とか〈聖なるものへの挨拶〉である」

参照：M. Govindan, *Babaji and the 18 Siddha Kriya Yoga Tradition*（St. Etienne de Bolton, Quebec：Kriya Yoga Publications,1991）174.

第7章　瞑想による変容の力

1　バクティ　「バクティの本質は崇敬、崇拝、自分より偉大な存在に献身すること。この愛の本質は親密感と融合の感情およびそれらを求める行いにある。献身することはその両方の性質を持つ。ヨガでは両方が必要であり、お互いに支え合うと完全な力となる」

参照：Aurobindo, *Integral Yoga* 159.

2　ソー・ハム　「生徒が深い瞑想と絶対の真理を通して目覚めるとき、生徒たちはただ〈スー・ハム／Su-ham〉と答える。グルは生徒に言う〈あなたは神である〉。すると生徒はこう答える〈その通りです。スー・ハム〉（原文通り）。生徒が自分は神であると気づいたときに返すこの言葉であり答え〈スー・ハム〉をもっとよく見てみよう。そこには二つの子音と三つの母音がある。二つの子音はｓとｈであり、三つの母音はａ、ｕ、とｍである。ｍは音節の中間にある音だ。子音は母音によってつながらないと発音ができない。したがって音の領域において子音は滅びゆくものを象徴し、母音は永遠のものを象徴している。ｓとｈは滅びゆくものとして分類され、Ａ-Ｕ-Ｍは残り、永遠であるオウム（ＡＵＭ）を形成する」

参照：Baird Spalding, *Life and Teaching of the Masters of the Far East*, vol.Ⅲ（Marina Del Rey,CA.：DeVorss & Co.,1935）126.

第8章　あなたは誰なのか、その真理に目覚めなさい

1　あらゆる存在の根源である「わたしはありてあるもの」　「モーセは神にたずねた。〈私は今、イスラエルの人

びとのところへ参ります。彼らに《あなたたちの先祖の神が私をここに遣わされたのです》と言えば、彼らは《その名は一体何か》と問うに違いありません。彼らに何と答えるべきでしょうか〉。神はモーセに言われた。〈わたしはある。わたしはあるというものだ〉。さらに〈イスラエルの人びとにこう言うがよい。《わたしはある》というお方が私をあなたたちに遣わされたのだと〉」

Exodus 3 : 13,14 (King James Bible) ／『出エジプト記』欽定訳聖書第3章13節、14節（和訳は新共同訳）。

2　母なるクンダリーニ・シャクティ　「それは私たちの存在のすべてのセンター（チャクラ）の中でとぐろを巻いて寝ていてタントラでクンダリーニ・シャクティと呼ばれる基盤にある。しかし、それは私たちの上、頭上にも聖なる力としてあり、とぐろを巻かず寝てもいない。それは目覚めていて意識（原文通り）があり、力があり、拡大していて広い。そこで具現化できる時を待っている。私たちはこの勢力、この母なる力に自分を開かねばならない」

参照：Aurobindo, *Integral Yoga* 221.

第9章　サダナは天恵への道

1　警戒を続ける　「なぜなら状態が良いとき、低次元の動きは静まり無活動になる習性があり、それは隠れているようである。また、それらは本質から離れ、距離を置いている。しかし修行者が警戒を緩めているのを見ると、その動きはほとんど目撃されずにゆっくりと発生しはじめたり、近寄りはじめ、完全に油断すると急に高まったり、急に噴火したりする。このことは精神（メンタル）、感情、肉体から潜在意識に至るまで、本質すべてが目覚め、聖なるものに満ちるまで続く。目覚めるまで絶えず油断なく警戒を続けなくてはならない」

参照：Aurobindo, *Letters*, vol.Ⅲ 1711.

第10章　サダカの祈り

1　サダカの祈り　「これを自分に繰り返し唱えたり、声を出して唱えることによりあらゆる存在の根源である〈わたしはありてあるもの〉の知識、聖なる力と聖なるアナンダが活動する場になる。祈ることにより、存在、あなたの至高なる自己またはすべての聖なる存在たちや紫色の光線のエロヒムを呼び招く機会がつくられる。彼らは絶えずここにいてあなたたちに奉仕している。彼らはあなた方が日常の生活を聖なるものの中で生き、神聖な創造を行い、すべての想念、言葉と行動によって完璧さを具現化できるよう手伝う。あなたが何か助けてもらいたければ、この祈りに加えることで必ずあなたは助けてもらえる」

Parameshwara Brahmachari (Paul Faerstein), e-mail to the editor, 21 Feb.2005.

第11章　至高なる自己に自分を合わせる

1　光に「はい」と言う　「光とは聖なる意識の光である。このヨガの目的はまずその（聖なる）意識に接触し、それからその光の中に生きて、その光が本人の全本質を変容させるようゆだねること。それによって人は、聖なるものとの融合の中に生きることができ、その本質は聖なる知識、聖なる力と聖なるアナンダの活動の場となる」

参照：Aurobindo, *Letters On Yoga*,vol.Ⅱ（Pondicherry, India：Sri Aurobindo Ashram Press,1970）550―51.

2　貴重な「今」　「なぜ、これが最も貴重なものなのであろう。まず第一に、それしかないからである。そこにすべてがある。永遠の今はあなたの全人生が開花する空間であり、唯一不変の要素であるからだ。人生は今なのだ。あなたの人生で人生が今でなかったことはないし、これからもそうであることはない。次に、〈今〉だけがマインドの限界を超えたところに自分を導くことのできるポイントである。〈存在〉の時間を超えた、形のない領域への唯一のアクセス・ポイント〈入り口〉だ」
参照：Eckhart Tolle, *Practicing the Power of Now* (Novato, CA.: New World Library,1997) 31.

第12章　高次元の意識の明晰さを追求しなさい

1　チャクラ　「私たちの身体の中に（肉体の体というよりもサトル・ボディにあり、肉体につながっている）センター（チャクラ）が存在していて、それはその人のそれぞれのレベルに対応している。頭頂にセンターがあり、その上にもマインドを超えた高次元の意思がある。眉間には思考するマインド、精神的（メンタル）な意思、精神的なビジョンのセンター、喉にはマインドを外界に表現するためのセンターがあり、それらをメンタル・センターという。その下にはバイタルがあり、それらはハート（感情）、へそ（ダイナミックな生命のセンター）、そして下腹部には低次または感覚的なバイタル・センターがある。最後には脊柱の基底にムラダラと呼ばれる肉体のセンターがある」
参照：Aurobindo, *Letters*, vol.Ⅲ 1142.

第13章　あなたは何を選択しますか？

1　カルマ　「現在、私たちは今という瞬間における特定の意思と行動、そしてある時間内での特定の結果に固執しすぎている。しかし、それらの特定のものを価値あるものとしているのは、それがその一部分であるその総体であり、その根源であり、それを動かしている存在である。そして私たちはカルマと結果の外的な部分、それが良い行為であるか、悪い行為であるか、その行為の結果が何であるかということに固執しすぎている。しかし、魂が求める本当の結果は、その存在の表現（具現化）の拡大・成長であり、その力の範囲と行動能力の拡大、存在しているという喜びへの理解、創造と自己創造の喜び、そしてそれを自分だけにではなく、同じことを他者に見る喜びであり、拡大と喜びは他者と自分が一つであるところにある」

参照：Sri Aurobindo, *Rebirth and Karma*（Wilmot,W.I.：Lotus Light Publications,1991）90—91.

第14章　真我の永遠の性質

1　発見されるのを待っている意識　「マインドを超えたところに偉大な意識が存在し、そしてその意識に私たちがアクセスできることが可能であれば、私たちは究極的な真理（現実）を知り、そこに入ることができるのである。そのような偉大な意識が実際あるのかどうか確かめるためには、知的な推測や論理的理性はあまり役に立たない。私たちに必要なのは、それが体験できる方法であり、そこまで行き着き、そこに入り、それを生きることである。それを会得できれば、知的な推測や理性は二次的な場に落ち着くか、もしかすると存在理由を失うこともあるかもしれない」

参照：Aurobindo, *Letters*, vol.I 158.

2　病気　「それはマインドへ誤った提案をするようなものである。もしマインドがそれを受け入れるとすると、マインドは雲がかった状態となり、混乱してしまう。そして調和と明晰さを取り戻すために闘わなくてはならない。

肉体に伴う意識と病気はそのようなものである。病気を受け入れずに拒否しなくてはならない。あなたの肉体のマインドは病気を受け入れてはならない。肉体に伴った意識にその提案を放棄するように助けなくてはならない。必要なら反対の提案をして、〈いや、私は元気になる。私は大丈夫であるし、これからも大丈夫だ〉と言うのだ。どちらにしても、聖なる母の力を呼び招き、その提案とそれが持ち込もうとする病気も放棄しなさい」
参照：Aurobindo, *Integral Yoga* 321.

第15章　悟りとは何でしょう？

1　一つなる存在——一つの真我　「人類は一つの同胞団以上のものである。木とその枝が一本の木であるように、それは一人の人間なのである。一部や一つのユニットを全体から分離することはできない。キリストは、〈皆が一つになれるように〉と祈っている」
参照：Baird Spalding, *Life and Teaching of the Masters of the Far East*, vol.II（Marina Del Rey, CA.：DeVorss & Co., Publishers, 1972）47.

第16章　神に自分をゆだねるとき

1　ゆだねる　「自己を捧げること、またはゆだねることは、このヨガを実践する人に要求されることである。なぜなら、このような建設的なゆだねを抜きにして目的に近づくことは不可能だからである。解放された姿勢を保つということは、聖なる母の力に自分の中で働いてくれるよう呼びかけるということなのだ。そこで身をゆだねないということは、力が働くことを許さないということを意味するか、またはその力の独自の方法、聖なる真理のやり方で働くことを許さず、自分の言う通りにやってくれと条件をつけているようなものである」
ゆだねることについての情報・参照：Aurobindo, *Integral Yoga* 100—101.

第17章　セヴァの栄光

1　自分の至高なるハートを知る　「ハートを浄化しているということは、かなり素晴らしい成果である。自分の中にまだ変える必要があることがあるからといって落ち込んだり、嘆いたりすることは不要だ。人は真の意志と真の態度を維持すれば内面の直感とか暗示的な感覚が育ちはじめ、明瞭かつ正確になり、はっきりしてくる。そしてそれを具現化する力も成長してくる。そして自分が満足する前に聖なるものはあなたに満足してくれ、時期尚早で危険だということで自分や求道者を守るためにかぶせておいたベールを人類が希求する最高なものから取り外しはじめるのだ」
参照：Aurobindo, *Letters*, vol.II 904.

第18章　平和となるために

1　天恵《グレース》　「天恵が人間の理解の範疇で働くとは限らないし、一般的にはそうならない。それはその独自な〈不思議な〉方法で働く。最初は通常ベールの裏で働き、具現化はせず準備をする。後にそれは具現化するかもしれないが、サダカは何が起きているかよく理解せず、やっと人がその能力を持つようになると、人は天恵《グレース》を感じることも理解することもできるようになる。少なくとも感じはじめたり、理解しはじめたりする。ある人たちは、最初から、もしくはとても早くから感じたり、理解するが、それは一般的ではない」

参照：Aurobindo, *Letters*, vol.II 610—11.

第19章　聖なる意識の統合

1　自分が聖なるものだと気づく　「人間は自分の足で地上に触れることができるのと同様に、大望の翼で天空の高さに飛ぶことができるのだと私は学んだ。古代の人びとのように人は地上を歩き、神と話すかもしれない。そうなってくると、人はどこで普遍的な宇宙が終り、個人の生命が始まるのか分からなくなるだろう。人がスピリチュアルな理解を通して神と同盟を結ぶと、神と人との境界線が消える。その地点まで到達すると、人はキリストが〈私と父は一つである〉と言った意味が分かる」

参照：Spalding, *Life and Teaching*, vol.II 67.

第20章　聖なる仕事

1　あなたの最愛なる存在との再会　「この〈普遍的意識〉から私たちはすべての知識を引き出すことができる。私たちは学習もせず、理性のプロセスも使わず、一つのレッスンから次のレッスンへと行かずに、一つの点から次の点へと行かずにすべてを知ることが可能だと知っている。この想念を受け入れるための態度を身につけるためにレッスンが必要なだけなのだ。そのときから私たちはすべてが理解できるようになり、すべての想念を包含するようになる。そこには私たちが抵抗できない、動機づけてくれる想念の完全な流れがあり、真の達成から私たちをそらすことができるものは何もないと私たちは知る。私たちは全体と一緒にいて、私たちは全体と一緒に進むことをやめることはできない。どのような条件も私たちが自分たちの目的を達成することの障害とはなりえない。一滴の水が弱いのは、海から取り除かれたときだけである。元に戻せば、それは海全体と同じように強い。私たちがそれを気に入っているとか、信じるかは関係ない。それは〈知的な法〉であり、私たちはそれそのものなのである」

参照：Spalding, *Life and Teaching*, vol.II 41—42.

用語解説

（以下に挙げた用語について、本文において初出および数章ごとに＊を付した）

アカシック・レコード akashic records　過去、現在に起きたすべて、また未来に起きるすべての出来事、行動、想念、感情の記録を保持するエーテル・エネルギー。

アセンション ascension　神、融合したスピリットを思い出すこと。アセンションは肉体全体の波動を上げて光になることにより肉体の死を回避する。

アットマ（ン） Atma（n）　真我、高次元の自己、至高なる自己。その本質はサット・チット・アナンダである。

アナンダ ananda　至福または幸せ。超越存在の本質である喜び。

アムリタ amrit　不老不死の霊薬。永遠の命を与えるもの。（訳注＝神々のネクターとしても知られている）

あらゆる存在の根源である「わたしはありてあるもの」 I AM Presence ／the I AM／the I AM Principle／the Presence　「わたしはありてあるもの」の原理または「わたしはありてあるもの」としての存在。至高なる自己、個別化した神の存在。パラマートマン。神そのもの。

意識　consciousness　サンスクリット語ではチット（Chit）。存在。真我への目覚め。すべての生きものの基本的な構成要素。

永遠の原子　permanent atom　一つの転生から次へと聖なる光が受け継がれる核となる。通常、ハートか松果体にあるとされる。

オム・ナマ・シヴァヤ　Om Namah Shivaya　「私は自分の中の聖なるものを尊重する」または「私は（純粋な空間）を尊重する」

カルマ　Karma　「行為」そのものを意味する。行為の法則（自ら蒔いた種は、自ら刈り取らねばならない）は非物理的残留物をつくり、それが輪廻転生のサイクルにとらえられることになる。

キリスト意識　Christ Consciousness　意図、光と意識ある目覚めによる低次元の自己から高次元の自己への変容。遺伝子コードが再プログラムされ、不死のテーマが取り入れられる。人が神聖な愛との融合に目覚める意識状態。

キリスト・セルフ　Christ Self　キリスト意識の中で働く存在であり、生きたキリストとして交流する。キリストとしての存在。高次元の自己。

グル　guru　師、スピリチュアルなマスター。

天恵《グレース》　Grace　私たちのスピリチュアルな努力が実ることを可能とする神聖な贈り物。

クンダリーニ　Kundalini　母なるクンダリーニ・シャクティも含む。脊柱の基底部のまわりに巻きつくヘビによって象徴される聖なるエネルギーであり、それがチャクラを通り目覚めさせていくことによって人に至福と解放がもたらされる。

高次元の自己　Higher Self　ハイアー・セルフ。あらゆる存在の根源である「わたしはありてあるもの」の存在から肉体へ送られる無限に強力なエネルギーを調整する変圧器のような存在。

根源　Source　すべてのもの。神は呼吸であり、呼吸は根源である。神聖、至高。それぞれが純粋、永遠、不死であるワンネス（一なるもの）。これは神、真理、創造であり、根源である。

サイ・ババ　Sai Baba　バガバン・シュリ・サティヤ・サイババ（Bhagavan Sri Sathya Sai Baba）。人びとは親しみを込めて「ババ」と呼ぶ。インドの最も崇められているスピリチュアルな教師の一人。多くの人は神の生まれ変わりだと信じている。サイ・マー・ラクシュミ・デヴィのグルの一人であり、スピリチュアルな教師でもある。

サイ・マー　Sai Maa　サイ・ババにより、サイ・マー・ラクシュミ・デヴィに称号として与えられた名前。これは聖なる母のアバター（神の化身）としての名前であり、大いなる敬意を表わすものである。

サダカ　sadhaka　スピリチュアルな求道者、スピリチュアルな修行の実践者。修行の道の途上または道を歩く人。

サダナ　sadhana　スピリチュアルな修行。

サットサン　satsang　スピリチュアルな求道者たちの集まり。「真理の仲間たち」や賢者との連合。教師、グルや他のスピリチュアルな求道者たちと関わりをもつ慣習。

サット・チット・アナンダ　Sat-Chit-Ananda　一つなる存在を三位一体として存在（Sat）、意識（Chit）、そして至福（Ananda）を具現化したもの。神の永遠の本質、意識の、そして意識の中の自己への喜びとして具現化している。

サドゥ　sadhu　すべての所有物を捨てたインドの修行僧。

悟り　enlightenment　スピリチュアルな解放、自己の目覚め、またはモクシャ。あらゆる存在の根源である「わたしはありてあるもの」の存在である私の中で意識を持ち、永久に目覚めた状態でいること。恐怖、願望、苦悩のない祝福された意識状態であり、高次元の自己を自分の真の本質として永遠に体感する。

サトル・ボディ　subtle bodies　人間の精妙なエネルギー体であるが肉眼で見ることはできない。アストラル体、ライト・ボディ、感情体、精神（メンタル）体、コーザル体、アセンション・ボディなどを指す。

サムスカラ　samskara／sanskara　神経系に残っている過去の想念、行動、感情の精妙な印象や刷り込み。多くは中脳に貯蔵されている。

シッダ　siddha　光の存在。ヨガを通してスピリチュアルに完成された人。天恵《グレース》を失う可能性のない完成された魂。

シャクティ　Shakti／Sakti　スピリチュアルなエネルギー、パワー。聖なる女性性、宇宙的勢力。遍在するエネルギー。マスターや光の存在によって放射される変容を伴うスピリチュアルなパワー。

ジャパ　japa　聖なる名前やマントラの復唱。ジャパは信者のマインドを神と融合させる目的を持ち、特にサンスクリット語のマントラで音と形が一つになったものを使うときがそうである。マラを使用することが多い。

シュリ　Sri／Shri　敬意を表わす称号。

昇天したマスター　ascended master　昇天した存在。現在、より高い波動の領域から人類のスピリチュアルな成長のために教え、導いている存在。

真我　Self／the　アットマン、普遍的なスピリット、意識、本質的存在。すべての中の一つなる存在。真我はある存在（名詞）ではなく、存在する（動詞）ということを指す。私たちが存在することの原型であり、本質的な性質のことでもある。

聖なる存在　Divine Presence　あらゆる存在の根源である「わたしはありてあるもの」の項参照。

聖なる母　Mother Divine　神の女性的な側面。宇宙的な母。シャクティ。デヴィ（Devi）、ラリタ（Lalitha）、そしてヒンズー教ではラジャラジェシュワリ（Rajarajeshwari）として知られ、ユダヤ教では、聖なるシャキナ（Shekinah）として知られている。

聖なる火　sacred fire　脊柱の基底部のチャクラに巻きついているヘビに象徴されるクンダリーニの火。それはスピリチュアルな純粋さと自分のマスター性を通してクラウン・チャクラまで上昇するが、その道中で通過するスピリチュアルなセンターを加速化させる。神、光、命、エネルギー、あらゆる存在の根源である「わたしはありてあるもの」――聖なる火は自分のマスター性を具現化する。聖なる火は命の主なる力である。聖なる火はあなたの中に、そしてあなたのまわりに完璧さを出現、創造、具現化するあらゆる力を持っている。紫色の炎も聖なる火の特有な側面である。

生命の原理　life principle　生命の原理は聖なるものから生まれ、聖なるものへと帰る。この原理はすべての魂に存在する普遍的な神聖さを基本とする原理。人間が完全に光に移行すると、優勢となるのは神聖な生命の原理である。

セヴァ　seva　捧げる、または献身的な奉仕。何かをそこから得るという期待なしに行われる。

ソー・ハム　So Ham　神聖な呼吸。「わたしはありてあるもの」という意味を持つ。

「存在」　Presence／the　あなたの実在の中にある聖なるものの存在。

魂　soul　インドでは完全に純粋な至高なる自己。西洋では個人のすべての生の非物理的でスピリチュアルな集合体とされる〈したがって〈魂を浄化する〉という表現がある〉。

ダルシャン　darshan　聖なる存在や聖なる偶像の前で個人として受けるスピリチュアルなエネルギーの祝福。ダルシャンは寺院や聖地で受けることもできる。

ダルマ　dharma　正しい行い。「義務」または「運命を活動として表現すること」であり、それによって人間のスピリチュアルな進化が加速される。宇宙と社会的秩序の自然な法則。公正な法。

チャクラ　chakra　サトル・ボディのスピリチュアルなエネルギーの渦（センター）。人間には七つの主要なチャクラがあり、それは脊柱の基底部から頭頂までに及ぶ。頭頂部にあるクラウン・チャクラはその一つ。

チャント　chant　バジャン（Bhajan）とも呼ばれる。神に捧げる聖なる言葉やマントラ。声を出して復唱するが通常は音楽に合わせて唱えられる。

通過儀礼　initiation　生徒がスピリチュアルな教師やグルによってスピリチュアルな修行について教えを受けるための儀式。

ディクシャ　diksha　脳に光を与える強力なテクニック。これは悟りのプロセスを開始する聖なる光やエネルギーの物理的な伝達。

デヴァ　deva（s）　神に仕える肉体を持たない輝く光の存在。

肉体的意識　body consciousness　物理的な次元や肉体と関わる意識と波動。神の意識である聖なるもの、高次元の自己、一つなる存在に関わる意識と波動とは対照をなす。

バクティ　bhakti　神（またはスピリチュアルな教師やグル）との融合に導く献身的な愛を通してのスピリチュアルな道。

ババ　Baba　サイ・ババの項参照。

母なるクンダリーニ・シャクティ　Mother Kundalini Shakti　クンダリーニの項参照。

パラマートマ（ン）　Paramatma（n）　至高なる自己、至高なる魂、絶対存在。

プージャ　puja　ヤギャ（yagya）ともホマ（homa）とも呼ばれる。聖なるものを招く、または礼拝する儀式。絵とか銅像に対して特定の儀式を行うことであるが、何か供物をすることが含まれる。

普遍的意識　Universal Consciousness　高次元の自己の普遍的意識。私たち自身の永遠不滅の本質。それは生死を超えている。

プラーナ　prana　息。生命力。

マハ・バクティ　maha bhakti　聖なるものへの偉大な愛と偉大な献身の心。偉大な献身の心によるスピリチュアルな道であり、それは神（またはスピリチュアルな教師やグル）との融合に導く。

マヤ　maya　一貫性があるという現実の体験にベールをかける無知または幻想で、これにより二元性がつくられる。

マラ　mala　一〇八のビーズをつないだもの。ジャパで使われる。

マントラ　mantra　聖なる言葉または表現として指定された方法で使われ、瞑想のときマインドを集中させるために繰り返し復唱されることが多い。

瞑想　meditation　スピリチュアルな修行の一種。さまざまな種類があり、その中にはマントラ、黙想、集中、誘導瞑想などが含まれる。

モクシャ　moksha/moksa　解脱。スピリチュアルな解放。

ヨガ　yoga　神とのワンネス（一つなるもの）、神との融合、またはワンネスの状態との融合に導く修行。

著者紹介

サイ・マー・ラクシュミ・デヴィ　Sai Maa Lakshmi Devi

サイ・マーは聖なる愛を光り放ちながら、愛と慈愛の癒しの力をもって人類に接しています。彼女は自らを「コミュニケーター」、そして「愛を愛する人」と描写しています。そしてワンネス（一つなるもの）、全体性、真理と愛を教えています。

サイ・マーは私たちを神に導いてくれる数多くのスピリチュアルな道に敬意を表し、東洋、西洋、両方の伝統を心から受け入れています。サイ・マーは悟りのマスターとして、スピリチュアルな伝統の大使として、全世界のあらゆる信仰の指導者、グルたちに尊敬されています。彼女は地球における自分の仕事の一環として、自分以外のグルや他のスピリチュアルなコミュニティーが参集できるように、まとまって協力できる場も設けています。そういった連携努力により、何千もの人びとの意識の向上に助力しています。

あなたがどのようなスピリチュアルな伝統に属そうとも、サイ・マーはあなた自身とあなたが選んだ道において、より深い理解を得られるようにあなたを導くためにここにいます。サイ・マーはあなたが自分の聖なる性質、その内在神を思い出せるように自己の目覚めの光を与えてくれます。

サイ・マーは、解放への道は瞑想、謙虚さ、無私無欲の奉仕による確固たる献身の道であると教えています。彼女の教えは生き生きとし、ダイナミックであり、相手をスピリチュアルな変容へと解放していく力があります。サイ・マーはこう教えています。「あなたが沈黙と瞑想に入るとき、あなたは自分が誰なのか、なぜここにいるのか、それに気づくでしょう」と。サイ・マーのメッセージの本質は、あなたは許しを受け入れ、無条件に自分や他人を愛すように、そしてそのようにして世界を変容しなさい、ということです。

聖なる母の力と知恵を持つサイ・マーは、普遍的な教えをどのように実践すればいいか、どのようにスピリチュアルなマスターになり、世界と自分に奉仕できるかを見せてくれています。サイ・マーは世界的なヒューマニストとして休むことなく働いています。稀にみる、個人としての天恵と献身を通して、貧困や飢えに終止符を打つために闘い、病人を看病し、私たちの子どもたちに教育を施し、そして地球に平和をもたらすために働いているのです。サイ・マーの教えとサイ・マーが設立した組織、ヒューマニティー・イン・ユニティー（Humanity In Unity／人類は一つ）の中核となるのは、個人、そしてコミュニティーに対する奉仕です。

あなたが初心者であろうと、熟練した求道者であろうと、サイ・マーの言葉の中に二元性の頭脳を脱ぎ捨て悟りのワンネスを発見できるでしょう。どのような信仰を持ち、どのような国籍であっても、これは真理を探究する人びとすべてに提供される知識なのです。

訳者あとがき

本書の著者であるサイ・マー・ラクシュミ・デヴィはインド洋上の島国、モーリシャスで生まれ、二十二、三歳でパリに留学するまでその島で育った。マーの話によると、父や祖父はヒンズー教の伝統的な家風を継ぎ、スピリチュアルなパワーに富んだ人たちだったという。

六人姉妹の長女だったサイ・マーは両親と妹たちからあふれるほどの愛情を受けて育った。しかし、桁外れの使命を託された子どもだと知っていた両親は、マーを非常に厳しく育てたという。子どもの頃、しっかりと帰宅できるように真夜中の森に一人置き去りにされ、この世に恐れるものは何もないと教えられたのだった。また誕生日のときは、もらったプレゼントを全部妹に渡すように言われ、妹を愛しているなら妹が喜ぶことを喜んであげなさいと、執着心を捨てるようにしつけられたという。

サイ・マーの生まれ育ったモーリシャス島にはさまざまな宗教があり、それぞれの宗派の人たちが互いの教会や寺院を自由に訪ね、祭りのときも互いに参加したという。カトリック、イスラム教、ヒンズー教、仏教など、また人種など関係なく、いくつものお祭りに出るのだ。どの宗教も、どの民族も一つとなるのがそこでの日常生活の一部であった。

マーはこの平和に満ちた島で自由奔放に育った。木登りをしては枝に座って熟れたライチを山ほど食べたという。オペア（語学学習のため住み込みで家事を手伝う外国人女性）として初めてパリに行ったマーは、ラジオを見たこともなく、いきなり台所に水をかけてごしごし洗ったり、まだくすぶっている暖炉の灰を掃除機で吸い込んでしまって掃除機に火をつけたり、受け入れた家族も自分も驚くことが山ほどあったようだ。冬服を持たないマーに受け入れ先の家族が短いスカートとブーツを渡したために、美しく長い髪のマーは勘違いされて男性に言い寄られたそうだが、その勘違いの意味も分からなかったそうだ。

マーはソルボンヌ大学に進み、それから有名な数学者と結婚して幸せな家庭を築き、お城に住んだりワイナリーを営んだり、心理学やカウンセリング、ヒーリングなどの資格も取り、ヨーロッパの政界でも活躍するようになった。

しかし、マーの使命は人を導くことにあり、サイ・ババとの出会い、他のインドの最高レベルのグルたちとの出会いが待っていた。その運命は、家族と別れて修行に服することも含まれていたのだ。

今、サイ・マーが求めているのは人びとが自分の内在する聖なるものや愛を思い出すこと、聖なる女性性を再び活性化すること。そして何よりも人を目覚めさせることが中心的な課題である。目覚め、または悟りとアセンションとは異なるとマーは言う。今日、両方が求められている。昔ながらのグルたちには、アセンションが受け入れられない人びともいるようだ。地球自体がアセンションに向かっている現在、住人である私たちも目覚め、そして波動をアセンションに向けていくしかない。それには、まず人がそれぞれ自分の神聖さに目覚めないと何も始まらない。サムスカラという前世からのカルマのパターンが主に脳に貯蔵されている。マーはサムスカラに光をあて、必要のないカルマの芽を溶かしていく方法を伝授している。これはインドのグルたちが弟子たちのために何千年も実践してきたことで伝統もさまざまあり、日本でも紹介されている。子どもにこの光を取り入れてあげると、もう必要ないカルマを生きなくてもよくなる。

今、ニューエイジのグルたちの中には、もう人類のカルマは解消される時期に来ていると説いている人たちが増えているが、その思想をマーも共有している。このサムスカラの光の伝授だけでも、人類は一歩目覚めに近づくことができる。それも数分でできるのだ。このワークについては、今後、ヒューマニティー・イン・ユニティー・ジャパン（ＨＩＵジャパン）がワークショップを開催していくので楽しみにしていてほしい。一日で身につき、まわりの人たちにしてあげることができるようになる。ただし無料で実践することが求められる。

私の妹はサイ・マーの弟子であり、本書を紹介してくれたのも彼女だった。妹がサイ・マーと最初に出会ったのは二〇〇一年。それも九・一一直後のニュージャージーでのワークショップだった。飛行機がすべてストップし、アメリカ中が混乱するなか、サイ・マーはワークショップの参加者一人ずつに励ましの電話を入れたという。そのせいか、参加者が欠けることはなかった。ほとんどの人は何日も車を運転してやって来た。マーがワークショップでまず言った言葉は、「悲しんでいるの？　今は悲しんでいるときではありません。今こそ自分の力を世の中で発揮するときです」

この春、私は初めてサイ・マーにお会いすることができた。本書の翻訳を終えた二〇〇九年の四月の終わりに私はアメリカのコロラド州のヴェイルで年に二回開催されるサイ・マーの一般参加者向けリトリートに参加した。いわゆるスキー・リゾートホテルで学ぶ八日間のワークショップだ。デンバー空港からシャトルバスで二時間半余り。四月だというのに山頂に向かうにつれ、ぼたん雪が猛烈な勢いで降ってくる。もう暗くて見ることはできなかったが、山にはバッファローをはじめ、山猫やエルク、鹿などが生息しているという。そろそろ熊も冬眠から目覚める時期だねと運転手が教えてくれた。

ちなみに今回のリトリートの参加者はアメリカを中心に、カナダ、イギリス、フランス、オーストラリア、ニュージーランドなどから総勢四〇〇名ほど。日本人は初参加だったが、十六名が参加。初めて会うサイ・マーは日本人の参加をことのほか喜んでくれた。ワークショップはどれも英語だったが、理解できないフランス人と日本人のためにとそれぞれ通訳が用意された。パリでの生活が長かったサイ・マーにとっても、英語は学んで習得した言語であり、ゆっくりとかみしめるように語られる英語が何とも心地よかった。

会場のいたるところには白を基調にしたフラワーアレンジメントが飾られていた。それらはすべて参加者のセヴァによるもので、参加者全員を温かく歓迎しているようだった。サイ・マーは、参加者のそれぞれにも機会あるごとにバラを一本ずつ手渡す。私たち日本人グループも会場で手渡された。そしてサイ・マーの部屋を訪ねたときにも。その時には、かわいいチョコレートのおまけ付きだった。

後にボルダーのヒューマニティー・イン・ユニティー（ＨＩＵ）センターで聞いた話だが、その一本のバラを家に持ち帰った参加者が水に挿しておいたところ、十日たっても枯れなかっただけでなく、やがては根を出し、蕾までつけたという。驚いた参加者が、サイ・マーへのお礼と感謝を込めて鉢植えにしてＨＩＵセンターまで送ってくれたとか。それがこのバラよ、とスタッフが見せてくれた。バラは大きく成長し、いくつもの蕾をつけていた。サイ・マーのシャクティを感じずにはいられなかった。

私にとっては初めてのリトリート参加だったが、その内容はとても充実したものだった。マーのセッション以外にも、ヨガやダンスをはじめさまざまなワークショップが用意されているので、日常と離れ、心と体を癒したりリフレッシュする絶好の機会とも言えるだろう。

続いて五月の半ばからは、クレストンにあるサイ・マーのアシュラムで開催された上級編の集中コース「プロファウンド・ヒーリング」にも参加した。参加者の中にバージニア州からやって来たナンシーとジェナがいた。私と同じくヴェイルからの参加だった。それもヴェイルでサイ・マーを品定め？　したうえで、二人一緒に参加したいと願い出たそうだ。定員は二〇名。すでに一杯だったが、サイ・マーが参加を許可した。

ジェナは最近父親を亡くしていた。その父親を七年間にわたり週に一度マッサージしていたのがナンシーだった。二人は父親の計らいで出会い、今回は一緒にここまでやって来たという。そのジェナに、サイ・マーが、「お父様があなたをここに連れて来たと言っています。とても喜んでいますよ」と伝えた。

コースも終盤という頃、サイ・マーが参加者全員の先祖供養をしてくれた。翌朝、先日のジェナが笑顔でやって来て、たくさんの先祖が父親と一緒にニコニコしながら現われたのと教えてくれた。すごいなあと、私は他人事のように聞いていた。でも私自身もその朝はいつになくすっきりとした目覚めを体験していて、終日何とも言えない安堵感に包まれていたのをはっきりと覚えている。

ところで、この話には後日談がある。帰国後の私に八十三歳の母が思いがけない話をしてくれた。何でも祖父と祖母とつい先日亡くなった叔父が、ニコニコしながら会いに来たというのだ。それもあまりにも鮮明だったため、夢とは思えず、お迎えかと思って母親はあせったそうだ。聞けばそれは、私がマーに先祖供養をしてもらっていた時間と一致していた。

最後に、私の祖父や祖母、そして叔父たちを天国まで見届けてくれたマーの本を訳すことができたのも、太陽出版の籠宮良治社長のおかげであり、ここに感謝の意を捧げます。そして、いつも編集をしっかり見届けてくださる片田雅子さんにも「ありがとう!」のひと言を。

二〇〇九年七月

鈴木真佐子

付録

ヒューマニティー・イン・ユニティー

Humanity In Unity

サイ・マーの使命は、聖なる意思を行動として具現化して、地上を歩くことです。この働きを生活に生かしながら、サイ・マーは私たちそれぞれに自分自身のマスターになるように（自己完成へと）誘います。それは私たち自らの完全性を通して人類に奉仕するマスター性であり、私たちの聖なる目標を達成させるものでもあります。ヒューマニティー・イン・ユニティー（HIU）は非営利の慈善団体であり、このワークを支援するために設立されました。

活動は現在、サイマーLLCならびにサイマー・ジャパンが代行して行っています。

活動の基本方針

1 私たちの理想は、人類が「行動としての神聖な愛」に目覚め、一体になること。

2 私たちの使命は、人間の意識の目覚めとアセンションであり、その意識が「行動としての神聖な愛」となることを促進すること。そのためにサイ・マー・ラクシュミ・デヴィの教えとグローバルな人道的活動を主催し、支援する。

3 私たちにとって価値のあることは、真理への献身、そして人類への奉仕において自分が目覚めた状態で今ここに存在し、限界を持たず、喜びの状態にあること。

4 私たちの組織としての活動原理は明晰さ、柔軟性、実用性であり、お互いに尊重し、反応しあう力を持ち、効果的なコミュニケーションと資源の効率的な活用である。

・プログラムと情報

本書の教えに共感して、自分の体験をより深いものにしたい方のために、スピリチュアルな旅をサポートするプログラムや情報が以下に紹介されています。

・ウェブサイト：http://www.sai-maa.com/（英語）

私たちのウェブサイトには、あなたのスピリチュアルな修養をサポートするための記事、誘導瞑想、ビデオ・クリップなどの情報が掲載されています。サイ・マーによるユニティーや愛についてのメッセージ、国際的なスピリチュアルな活動、そして人道的な仕事について学ぶためにメーリング・リストがありますのでご登録されることをお勧めします。スピリチュアルな修養や個人的な成長をサポートするツアーやイベント、リトリートやサイ・マーとマスター・ティーチャーたちとの無料コンフェレンス・コールなどの情報を得ることができます。

・サイ・マーのインテンシブとリトリート

リトリートとインテンシブは、サイ・マーとともに長時間、個人的な体験的なスピリチュアル・ワークをする特別な機会です。瞑想、チャンティング、呼吸法の練習などが含まれます。

・マスター・ティーチャー・インテンシブ ＆ サイ・マー・ディクシャ・トレーニング

（サイ・マーに直接訓練を受けたプラクティショナーによるもの）。

国内の各地でサイ・マーのマスター・ティーチャーたちによる変容的プログラムが実施されます。これらのプログラムで紹介されるのはサイ・マーによる自己完成（セルフ・マステリー）のための基礎的な教えで、それにはインテンシブ、個人セッションやサイ・マーのディクシャ・トレーニングが含まれています。

・意識の寺院アシュラム　Temple of Consciousness Ashram

コロラド州、サングレ・デ・クレスト山脈に位置するクレストンに、かつてヒューマニティー・イン・ユニティーの意識の寺院アシュラムおよびリトリート・センターがありました。アシュラムは個人的なスピリチュアルな成長や世界的な規模の悟りへの灯台としての役割を担っています。尼僧と僧侶たちはアシュラムの居住者であり、サダナ（スピリチュアルな修行）とセヴァ（無私無欲の奉仕）に焦点を置くコミュニティーをつくっています。

現在、このアシュラムは閉鎖し、尼僧と僧侶は世界を舞台に活動を展開しています。

・アメリカ国内各地での活動

世界中でサイ・マー・ラクシュミ・デヴィの教えのもとにグループ瞑想を定期的に実施しています。これらの集まりはサイ・マーの教えを深いレベルで体験し、自分の住む地域で同じような考え方を持つ人たちと知り合う素晴らしい機会です。

連絡先
Sai Maa LLC
3343 Larimar Street
Denver, Colorado 80205 USA

アメリカ国内からの電話：303-996-0123
Eメール：support@sai-maa.com
ウエブサイト：http://www.sai-maa.com/

・変容のためのツール

CD、DVD、ビデオに記録されたサイ・マーの講演、瞑想とチャンティングは日本語のウェブサイトから入手可能です。推薦図書、写真、活性化されたサプリメント、エッセンス、そしてあなたのスピリチュアルな修行をサポートするための他の製品もオンラインで御注文ができます。

Eメール：bookstore@saimaa.jp
ウエブサイト：http://www.saimaa.jp/index.php/product/index
日本国内の電話番号／サイマー・ジャパン：03-5544-8400

〈サイ・マーによるCD〉

Aspects of One
Creative Community, Evolving Humanity
Devotion
Dolphin Consciousness, An Ascension Meditation
From Darkness to Grace
From the Lotus of the Heart
Fulfilling the Soul's Longing
Invoking the Magnificence of the I AM
Meditations for Daily Practice, Vol. 1
Meditations for Daily Practice, Vol. 2
Moving at the Speed of Love
New Year's 2000 Celebration at the Millenium
Sacred Pranic Breathing
Sacred Teachings of the Masters
Shma Israel : Live recorded chanting of Sai Maa in Israel
The Cosmic Power of the Elohim of the Violet Ray
The Intellectual Understanding of Enlightenment
The Nobility of Women
The Power of Being Peace

サイマー・ジャパン

Sai Maa Japan

地球全体が大きな変動の時期を迎える今、サイ・マーの愛と光に満ちた教えやシャクティ（聖なる女性性のエネルギー）をより多くの人に触れていただくことを願い、サイマー・ジャパンは活動しています。

本当の自分を思い出し、本来、人間として歩むべき道を思い出すことによって世の中が変わっていくことを体験するためのワークショップやセミナー、ディクシャ（脳に光を与える強力なテクニック）のトレーニングなどを紹介していきます。

連絡先
ウエブサイト：http://www.sai-maa.com/ja
Eメール：info@saimaa.jp
電話：03-5544-8400

天恵《グレース》の花びら

聖なる母からのメッセージ

訳者紹介

鈴木真佐子（すずき・まさこ）

東京生まれ。小学校から高校までアメリカで育つ。1976年、慶応義塾大学哲学科卒業。オハイオ州政府代表事務所に勤務したのち、ロンドン大学キングス・カレッジで修士号（英文学）を取得、ロンドン・スクール・オブ・エコノミックスで国際関係論のディプロマ取得。現在、フリーランスで翻訳活動を行う。
著書に『クリスタルボウルに魅せられて』、訳書に『ハートの聖なる空間へ』（ナチュラルスピリット）、『光の輪』『メッセンジャー』『メッセンジャー　永遠の炎』『癒しの鍵』『精霊/スピリット』『宇宙への体外離脱』『魂の旅』『クジラと泳ぐ』（いずれも太陽出版）がある。

2009年10月1日　第1刷
2016年6月5日　第2刷

［著者］
サイ・マー・ラクシュミ・デヴィ

［訳者］
鈴木真佐子

［発行者］
籠宮良治

［発行所］
太陽出版

東京都文京区本郷4-1-14　〒113-0033
TEL 03（3814）0471　FAX 03（3814）2366
http://www.taiyoshuppan.net/
E-mail　info@taiyoshuppan.net

装幀・本文デザイン　日比野知代
［印刷］株式会社 シナノ パブリッシング プレス
［製本］井上製本
ISBN978-4-88469-632-0

クジラと泳ぐ

～ダスカロスと真理の探究者、その教えと実践～

不朽のロングセラー『メッセンジャー』シリーズの賢者として知られたダスカロス、その最も有能な弟子ダニエル・ジョセフがその教えを現代によみがえらせる。本書で語られているのは、ダスカロスと真理の探究者の神秘的な教えとプラクティス（実践）によって自由を獲得していくスピリチュアルな旅である。どの時代に何が明かされるのか、そのタイミングと世界情勢の両方が重要である。このようなすべての情報を包み込んだ総合的なスピリチュアルな著作は、今日ほかのどこを探しても手に入れることはできないだろう。それは2000年以上もの間、明かされることなく隠されてきたものであり、ここに至ってようやく日の目を見ることが許されたのだ。

精神世界のリーダーであり、「天仙」として知られるタオのマスターKan.氏推薦の書。

ダニエル・ジョセフ ＝著　鈴木真佐子＝訳

A5判／480頁／定価 本体3,600円+税